Une journée singulière

Jean-Pierre Sueur

Une journée singulière

Autopsie politique

Odile Jacob

3, rue Auguste-Comte, 75006 Paris

www.odilejacob.fr

ISBN : 978-2-4150-0786-7

Les événements qui suivent sont censés
s'être déroulés alors que Nicolas Sarkozy
était ministre de l'Intérieur
au sein du gouvernement de Jean-Pierre Raffarin
(7 mars 2002-30 mars 2004).

CHAPITRE 1

Novembre 2003

Chaque matin, le secrétaire général arrive à la préfecture à huit heures.

C'est un fonctionnaire expérimenté. Après plusieurs postes de sous-préfet territorial, de directeur de cabinet, il est enfin devenu le « numéro deux » de la préfecture. Il se sait observé, par le préfet d'abord, par le ministère ensuite, à moins que ce ne soit l'inverse. Cela ne le rend pas servile pour autant. Il n'ignore pas que, dans le petit monde du corps préfectoral, chacun sait qui est qui et que, les alternances se succédant, ceux qui gèrent le corps, et en sont la quintessence, savent reconnaître le professionnalisme. Certains en concluent que la prudence consiste aujourd'hui à choisir son camp, ce qui permet, lorsque ledit camp est aux affaires, de bénéficier d'avancement et, lorsqu'il ne l'est pas, de ménagements. De vieux serviteurs de l'État, qui ont toujours gardé une apparente distance, masquant mal, toutefois, leurs évidentes appétences, s'en offusquent dans les conversations entre collègues.

Mais les collègues pensent sans le dire, sinon en cercle plus étroit, que seuls le dépit et l'envie expliquent ces ressentiments. Il est vrai que la carrière est une impressionnante échelle de perroquet. De la plus minuscule sous-préfecture à l'imposante préfecture de la région Île-de-France, chaque poste est classé, codifié, référencé. Si bien que chaque mutation, chaque nomination est jaugée et jugée.

Le secrétaire général, donc, songe justement, alors que sa voiture entre dans la cour de la préfecture, un ancien couvent à la façade imposante et symétrique, à son premier préfet, un ancien de la *France d'outre-mer*. Il songe à ce personnage buriné par des années de République gaullienne, qui avait dû lire en 1982 un long pensum du ministre de l'Agriculture de l'époque – on ne disait pas encore *la* ministre – sur la prochaine création des *offices fonciers* devant l'assemblée générale, très fournie, de la caisse régionale du Crédit agricole. Il lisait, il lisait, se demandant s'il devait vraiment feindre de croire à ces paroles qui n'étaient pas les siennes. Tantôt, le naturel reprenait le dessus : ses inflexions de voix exprimaient mécaniquement l'autorité de l'État. Tantôt, un sourcil froncé, un regard noir, un peu perdu, rétif, trahissait le fait qu'il n'y croyait pas. Il pensait qu'il serait bientôt muté. Et qu'il faudrait qu'il le fût. Certes, une mutation trop rapide après le changement de gouvernement eût été humiliante. Mais maintenant, c'était décent.

Non seulement décent, mais nécessaire. Un nouveau poste, une nouvelle préfecture, avec sa façade imposante et symétrique, ses inévitables grilles, la première cérémonie au monument aux morts, les visites protocolaires au maire, aux députés, aux sénateurs, les attentions pour les anciens ministres et les notables mentionnés au protocole – tout cela constituerait un nouveau départ, une nouvelle virginité, une manière d'être sans avoir été. Tandis que là, les membres de l'assemblée générale du Crédit agricole écoutaient, les uns goguenards, les autres incrédules, les derniers franchement exaspérés, l'exposé sur les *offices fonciers*, doublé d'ailleurs d'un second développement sur les *offices par produit*. À l'orée de ce second acte, le préfet de région parut cependant quelque peu rasséréné : quelque chose lui disait que les *offices par produit* survivraient peut-être aux futures alternances, que ces éternels libéraux n'aimeraient rien tant que les organisations et les subventions susceptibles de garantir sinon les prix, du moins les revenus, alors que les *offices fonciers*, qui rappelaient inévitablement les *kolkhozes*, étaient imprésentables, invendables et ne verraient jamais le jour. Certains auditeurs s'échauffaient. Un inhabituel brouhaha montait des rangs. Et il fallut, outre le métier du représentant de l'État, qui improvisa une chute sur les vertus de l'espace rural, l'aide à l'installation des jeunes et l'extrême vigilance dont le gouvernement, comme les précédents et les suivants, ne manquerait pas de faire preuve à l'égard de Bruxelles, le savoir-faire du président de la caisse régionale – un éleveur respecté, par ailleurs vice-président du conseil général – pour que quelques applaudissements rituels ponctuent le discours, cependant que le brouhaha, tout en diminuant d'intensité, augmentait de volume à l'annonce de l'ouverture du buffet.

Le secrétaire général se dit qu'il passera, une fois encore, sa journée à présider des réunions. Et cela pour une raison dont il pense que, si elle a été beaucoup analysée, elle n'a jamais été véritablement prise en compte. La France dispose d'un législateur insatiable. Les lois s'accumulent à un point tel que l'on ne parvient pas à publier les décrets. Tous les gouvernements prennent d'ailleurs un malin plaisir à omettre de publier un certain nombre de décrets. Il est des décrets qu'on attend depuis dix ans. Si un article de loi ne convient pas à un ministre – soit qu'il émane d'une majorité antérieure et contraire, soit qu'il s'agisse d'une initiative jugée intempestive d'un parlementaire qui aura profité des heures creuses d'une séance tardive pour avoir repris à son compte un amendement auquel le précédent ministre tenait, mais qu'il répugnait à présenter lui-même, soit enfin que le pouvoir en place juge la mesure trop coûteuse ou trop complexe –, il suffit pour ce gouvernement de ne jamais publier le décret d'application. Ni vu ni connu. C'est ainsi que tout ministre, tout gouvernement dispose du pouvoir exorbitant de ne pas appliquer la loi. Le secrétaire général se demande pourquoi il n'existe pas un délit de non-publication des décrets dont le pouvoir exécutif pourrait se voir reconnu coupable.

Il se demande pourquoi le Parlement ne dispose pas d'un droit de coercition à cet égard. La loi s'applique à tous, même aux ministres. Nul n'est censé l'ignorer. Et, pourtant, tout gouvernement peut facilement s'en affranchir.

Ces centaines, ces milliers de lois, porteuses d'autant de réformes, ou de velléités de réformes, ont presque toutes un point commun. Elles créent une commission, un conseil, un comité ou une « haute autorité ». Ce sont, en premier lieu, des instances nationales. Mais elles sont souvent assorties de corrélats régionaux ou départementaux, et cela dans tous les domaines : sécurité, environnement, consommation, hygiène, équipement commercial, famille, sites protégés, monuments historiques, faune, flore, accessibilité, etc. C'est un vrai tic législatif. *Il est institué un haut conseil de ceci ou de cela*. Suit la longue liste des membres.

Le secrétaire général a recensé, au total, cent cinquante commissions qui doivent se réunir régulièrement à la préfecture. Encore n'est-il pas tout à fait sûr que son compte soit exhaustif : il est des commissions dont on a fini par oublier l'existence. Il a pensé, un instant, que cette prolifération était l'héritage d'époques antérieures marquées par une conception courtelinesque et vieillotte de l'administration. Mais il lui a fallu déchanter après avoir procédé à l'étude précise des textes : la plus grande partie desdites commissions a été créée dans les vingt dernières années. Et, pour avoir vécu, à différents postes – y compris un passage en *centrale* –, toutes ces années, il connaît bien les raisons de cette extraordinaire inflation. Elle tient en un mot : la concertation.

« Concertation : que de crimes a-t-on commis en ton nom ! » se dit le secrétaire général en s'installant à son bureau à huit heures cinq. La première commission ne commençant qu'à neuf heures, il aurait le temps de vaquer à ses occupations et à ses méditations. Revenant à sa pensée, il esquissa un imperceptible mouvement de recul. *Crimes*, le terme était trop fort. Il aurait dû penser *bévues* – trop faible –, *contresens* ou *fautes* – trop moral. Mais depuis quand faudrait-il censurer ses propres pensées ? C'en était déjà assez d'autocensurer ses propres textes, d'adopter en trop de circonstances la réserve d'usage et de courber, quoi qu'on en dise, l'échine devant le principe d'autorité sans lequel il n'y aurait ni corps préfectoral, ni ministère de l'Intérieur, ni État, ni République, ni rien.

Le secrétaire général aimait son métier. Profondément. Il ne supportait pas les caricatures qu'on en faisait et qui traversaient, parfois, son esprit vagabond. On ne saura heureusement jamais ce qui traverse les esprits vagabonds. Le secrétaire général s'était fait lui-même cette réflexion alors qu'il présidait l'une de ces interminables réunions quasi quotidiennes : si l'on savait tout, si l'on disait tout, si l'on explicitait tout ce qu'il y a dans les têtes qui sont là, les unes en face des autres et qui se regardent vaguement ennuyées, un peu gênées d'être là, comme le *marronnier*, le *banc* et la *Velléda* dans *La Nausée* de Jean-Paul Sartre, si l'on mettait tout sur la table, sur le parquet, sur les murs – ornés d'incertaines tapisseries –, si l'on emplissait l'espace, le volume, jusqu'au plafond lambrissé de tout ce qui circule dans les cerveaux, conscient, inconscient, subconscient, ce serait physiquement étouffant, juridiquement carcéral et moralement totalitaire.

Il songeait à ces prisonniers qu'on obligea à vivre nuit et jour sous la lumière d'une lampe. Il avait lu qu'une chanteuse emblématique du dernier siècle ne pouvait plus dormir sans lumière depuis qu'elle avait, en sa toute jeunesse, connu ce supplice.

Il songeait encore à son amie. Ce n'était ni le lieu, ni l'heure, ni le décor, ni le sujet. Les préfectures sont droites comme la loi, rectilignes comme la justice. Mais le désir s'incruste partout, comme ces huîtres qui s'agrippent à chaque rocher et s'agrippent les unes aux autres. Il lui était arrivé un jour de soulever la coquille supérieure d'une huître et de sucer puis d'avaler la chair grise et bleue à même le rocher. Il avait immédiatement perçu la force érotique de ce geste.

Son amie, donc, avait fait naturellement irruption dans le fil de sa méditation. Souvent, ils s'étaient interrogés. Ils avaient parfois voulu, dans le feu d'une passion proprement dévorante, tout dire, décliner, exposer, exhiber, partager chaque pensée et chaque arrière-pensée. C'était un jeu destructeur. Sait-on jamais tout ce qu'on porte en soi ? Et toutes les strates de l'inavouable qu'on enjolive encore quand on prétend les exhiber. Les exhiber, non pas les exprimer. Les exprimer, cela supposerait qu'il y eût une substance antérieure au langage, distincte de lui-même, et dont lui, le langage, ne serait que l'*expression* – une mince pellicule qui viendrait révéler une vérité qui lui serait étrangère. « Je sais, je sais, se mit soudain à dire le secrétaire général à haute et intelligible voix devant la secrétaire qui faisait son entrée et se demanda ce qui lui arrivait, les mots sont des choses, le langage organise la perception, *l'inconscient est structuré comme un langage* et, bien sûr, bien sûr, *l'existence précède l'essence* ! »

Parler, ne pas parler ? Parler jusqu'où ? Dire ce qu'il faut. Pas plus, pas moins. Non seulement par prudence, comme beaucoup pensaient que c'était le cas dans la *préfectorale*. Mais en vertu d'un sens aigu de l'exactitude et du droit. Le discours juridique préserve le quant-à-soi. Il prend en compte le citoyen dans son intégralité, mais dans la stricte limite de ce qui fonde la citoyenneté et la République. Bizarrement, dans l'amour il fallait aussi trouver les mots justes. Si tout dire et vouloir tout savoir était à coup sûr une entreprise destructrice, on ne pouvait, à rebours, en rester à la lisière des mots : la passion conduisait inévitablement à transgresser les codes de l'amoureusement correct, à briser l'illusoire frontière censée séparer le dicible de l'indicible. Il songea que toute limite tuerait la passion mais que celle-ci serait tout aussi irrémédiablement tuée si l'on voulait abolir ce qu'il appelait *la part d'ombre*.

Le secrétaire général aimait donc son métier. Il était convaincu que la décentralisation n'était pas la négation de l'État. Elle était la négation d'un État omnipotent, qui prétendait tout faire et qui, à force de vouloir tout faire, n'accomplissait plus correctement ses missions. Certes, tel ou tel de ses collègues gardait la nostalgie de la République gaullienne. Le député écrivait alors au sous-préfet afin de demander une subvention pour la salle des fêtes d'une commune, et le représentant de l'État était en mesure de lui répondre par retour du courrier qu'il *inscrivait la subvention correspondante au budget du conseil général*, budget qu'il avait pour tâche de préparer et d'exécuter – autant dire que le conseil général était un théâtre d'ombres ! Il se souvenait aussi que, jeune sous-préfet, il avait dû se rendre au ministère de l'Éducation nationale avec deux élus locaux, pour solliciter la construction d'un collège dans l'un des cantons de son arrondissement. Il avait fallu trouver l'adresse, l'étage, le couloir, la pièce, pour enfin découvrir derrière un bureau un fonctionnaire accablé qui leur avait expliqué que le projet avait pris rang, mais ni lui, ni l'un, ni l'autre des deux élus n'avaient compris de quel rang il s'agissait ni quelle était la place du futur collège dans cet improbable rang. Depuis la décentralisation, les collèges et les lycées poussent comme des champignons et arborent les emblèmes rutilants – les logos – des départements et des régions qui les ont construits et dont les présidents toisent parfois avec un rien de condescendance le représentant de l'État qui, comme ils se plaisent à dire, n'a *rien mis* dans la construction de l'édifice. Bien sûr qu'il n'a *rien mis* puisque c'est devenu *leur* compétence exclusive. Même si les salaires des enseignants et de l'ensemble des personnels sont payés par l'État.

Il y a d'ailleurs, se dit souvent le secrétaire général, quelque chose de lassant dans cette histoire de *logos*. Les maires ne peuvent plus recevoir une lettre leur annonçant une subvention de la région ou du département sans qu'on leur y explique qu'ils doivent *impérativement* faire figurer le *logo* sur l'équipement ou dans le programme de l'événement subventionné. Il arrive même qu'ils se prennent les doigts dans l'*autocollant* joint au courrier représentant ledit *logotype*. On se croirait au Moyen Âge, haute époque au demeurant, lorsque chacun arborait ses armoiries et son blason. Nous avons compris combien vous étiez attachés, mesdames et messieurs les élus locaux, à ce que chacun sût que vous aviez *vous-mêmes* financé ceci et cela. Merci, cependant, de faire un effort d'humilité. La plupart des citoyens méconnaissent les lois sur la répartition des compétences, et, quand bien même ils les connaîtraient, il y a – nous y reviendrons, nous y reviendrons – tant et tant de financements croisés, accumulés, superposés, qu'il est bien difficile de s'y retrouver. Les gens pensent que, de toute façon, ce qui est fait est payé par leurs impôts. Ce qui n'est pas faux. Ne l'oubliez pas, mesdames et messieurs les élus locaux, vous n'êtes que les très éphémères dépositaires de l'argent public, dont il vous revient de faire bon usage. Et puis vos *logos*, regardez-les ! Achetés à prix d'or à de lucratives agences dites de *communication*, ils se ressemblent tous. On y trouve quelques traits, quelques ronds, un peu de couleur, d'inévitables lignes zigzagantes ou élégamment courbes faisant penser à des macaronis ou à des spermatozoïdes cherchant désespérément à rencontrer un ovule. Tout cela est convenu, comme souvent l'ensemble de la communication des collectivités locales. Nos villes, départements et régions sont tous différents. Et pourtant ils se débrouillent tous pour nous dire à longueur d'images et de *publireportages* qu'ils sont des *pôles de développement* (ou plutôt des « technopôles ») et des « carrefours européens ». On n'en a encore vu aucune, c'est heureux, nous dire qu'elle était un pôle de régression ou un cul-de-sac européen. La ville la moins bien située est toujours traversée par des routes qui mènent forcément au fin fond de l'Europe, et les agglomérations nichées aux extrémités les plus extrêmes de l'Hexagone « s'ouvrent » forcément sur le vaste monde, et sont donc, elles aussi, d'indiscutables *carrefours*.

Mais ce sont là, se dit le secrétaire général, les maladies infantiles de la décentralisation. La décentralisation est bien jeune encore, et il faut mettre ses quelques décennies de vie en regard avec les siècles de centralisme que notre pays a connus. Elle est mille fois nécessaire. Mais notre pays n'est pas d'essence fédérale. Je le redis : pour indispensable qu'elle soit, la décentralisation suppose un État fort, ce qui ne veut pas dire, je le répète, *omnipotent*, un État solide susceptible d'assumer pleinement les pouvoirs régaliens qui lui reviennent en propre et de veiller au respect effectif du principe d'égalité, à l'aménagement du territoire et à la solidarité nationale. La France, ce n'est pas, ce ne peut pas être l'addition de trente-six mille sept cents égoïsmes communaux, de cent égoïsmes départementaux et de vingt-sept égoïsmes régionaux. Regardez le département des Hauts-de-Seine. Si on n'y prenait garde, il s'y construirait de luxueuses universités départementales (et pour partie privées) cependant que, juste à côté, l'université publique crierait misère et que le Limousin aurait bien du mal à aligner les formations de troisième cycle en nombre suffisant qui lui sont tellement nécessaires !

Tout cela était bien clair, bien en place dans la tête du secrétaire général. Et pendant que la secrétaire, remise de son étonnement, prenait possession de la pile de parapheurs en provenance du *bureau du cabinet*, il se mit à consulter l'emploi du temps de la journée et des jours suivants. Mais il fut bientôt interrompu dans cette tâche par la chute brutale de la pile de parapheurs qui avait inexplicablement échappé des mains de la secrétaire. Sans doute celle-ci avait-elle été désarçonnée par le soliloque philosophique que son patron avait débité à haute et intelligible voix, ce qui n'était pas dans ses habitudes. Lui fut indubitablement fasciné par le subtil, presque imperceptible, mouvement de la hanche qu'elle fit au moment exact où elle retrouva l'équilibre avant de se baisser pour ramasser les parapheurs et de se confondre en excuses. Il avait remarqué dès le jour de son arrivée l'élégance avec laquelle elle accomplissait les mouvements les plus prosaïques de l'existence. Il avait vu en elle une vraie beauté, à laquelle – lui semblait-il – le fait qu'elle abusât du rouge à lèvres n'ajoutait rien. Il songea parfois à évoquer avec elle sinon le rouge à lèvres, du moins la subtile mobilité de son être qu'il trouvait émouvante. Mais il savait qu'il n'en ferait rien non par crainte des nouvelles lois sur le harcèlement moral mais – cette fois encore – parce que ce n'était pas le lieu, le cadre, le décor, le sujet, l'objet. Il était là pour assumer une fonction, derrière la façade imposante et symétrique, au premier étage, au second échelon de la hiérarchie. Du moins se le disait-il, mais il se disait aussi que tout cela était, en un large sens, passablement loufoque. Les êtres humains ne se réduisent pas à leur fonction. Et si l'on mettait en face du système le plus lisse, le plus administratif qui soit, la somme immense des passions, des rêves et des perversions qui traversaient un quart d'heure durant, limitons-nous à un quart d'heure, l'esprit de deux ou trois personnes, limitons-nous à deux ou trois, on aurait d'un côté quelque chose d'un peu fluet, malgré la complexité indéniablement croissante des lois, décrets et règlements, et de l'autre une masse informe tantôt obscène, tantôt jubilatoire, faite de candeur, de méchanceté, d'utopie et d'altruisme, le *nœud de vipères* dont avait parlé un écrivain bordelais mêlé aux *complexions* et à la plus pure amitié dont avait parlé un autre écrivain bordelais, plus ancien. Distinguer les genres, les ordres de réalité, les situations, était une absolue nécessité. La République ne pouvait exister que dès lors qu'on s'y cantonnait à la sphère du droit. Le formalisme, comme le protocole, n'était pas un ensemble artificiel de conventions. Ils étaient consubstantiels au droit des gens. Liberté, égalité, fraternité : il était non seulement bon, mais impératif que ces principes fussent déclinés en lois et décrets (à condition qu'on les publie – se dit-il une nouvelle fois –, car le propre des soliloques intimes, il faudra s'y habituer, c'est la récurrence et la redondance, même si chaque retour du même thème n'est jamais une pure répétition, puisqu'il est inévitablement connoté et coloré par les mouvements de l'esprit qui le séparent de la première, ou de la précédente occurrence, exactement comme dans une symphonie). Il était bon, il était impératif que le devoir de réserve s'appliquât, que tout citoyen, du plus illustre président-directeur général au plus misérable sans domicile fixe, fût reçu avec les mêmes – je dis bien *les mêmes* – égards dans la maison commune, que ce fût la préfecture, la sous-préfecture ou la mairie, avec la même probité, la même équanimité, sans lesquelles la vertu républicaine se meurt.

Il savait pourtant qu'on ne recevait pas tout le monde de la même façon. Mais il s'en consolait en songeant que dans l'ordre du droit les choses étaient nécessairement différentes. Et que, même si l'on ne pouvait pas faire abstraction des passions ni dans l'acte de juger ni dans l'acte d'administrer (il n'aurait pas dit dans l'acte de légiférer tant la passion semblait consubstantielle au fonctionnement du Parlement), ceux-ci relevaient sinon dans leur préparation, du moins dans leur accomplissement d'une incontestable rigueur juridique. Alors, c'est le troisième écrivain bordelais qui occupa, un temps, son esprit.

Le soliloque à voix haute, la chute des parapheurs, ces deux événements de minime importance créaient, ce matin-là, une atmosphère inhabituelle et saugrenue. Cela n'empêcha pas le secrétaire général d'en revenir à la lecture attentive de ses emplois du temps. Ceux-ci étaient très instructifs. Ce jour-là et les suivants, il passerait l'essentiel de son temps à présider les innombrables commissions que, dans sa sagesse, le législateur avait créées. Il fut pris d'un léger vertige. Il songea à ces commissions et aux commissions analogues qui se réunissaient dans chaque préfecture, sans compter les incomptables hautes autorités, commissions consultatives, conseils de ceci et de cela qui se déployaient au plan national. Il fallait toujours consulter, recueillir des avis. On ne pouvait rien faire en (presque) aucun domaine sans qu'une instance compétente – forcément *compétente* – se fût au préalable réunie. Son expérience lui avait appris qu'il y avait des habitués de ces commissions, en général pléthoriques. Il y avait aussi de nombreux représentants des administrations, dont une part non négligeable se demandait ce qu'elle faisait là. Si le représentant de l'union départementale des associations familiales était requis pour traiter des sujets les plus divers, il en allait souvent de même pour le procureur de la République, le commandant des sapeurs-pompiers ou le colonel de gendarmerie. Tous étaient, inlassablement, consultés.

Mais il y avait plus grave. L'ancienne administration, celle de la IIIe République, dont la Révolution française et Napoléon avaient jeté les fondements, était organisée d'une façon parfaitement rationnelle. Les directions et les sous-directions s'imbriquaient parfaitement comme dans un tableau chimique ou botanique. L'État, ses ministères et leurs services extérieurs recouvraient remarquablement – sans double emploi manifeste ni béance flagrante – le champ de l'*administrable*. C'était beau comme l'antique. Cela relevait assurément d'un système beaucoup trop monolithique et concentrique – mais cela fonctionnait (« Je ne rêve pas, non je ne rêve pas d'un retour en arrière », dit le secrétaire général, cette fois à mi-voix pour ne pas offusquer la secrétaire qui fit semblant de ne pas entendre, mais n'en pensa pas moins, « car ce serait à l'évidence contraire au mouvement de l'histoire »). Le problème, c'est qu'à ce système clair on a substitué quelque chose de très confus, de plus en plus confus. Les lois sur les compétences avaient, théoriquement, pour objet de dire qui faisait quoi. L'ennui, c'est que ces lois étaient loin d'être exhaustives : il y avait d'évidentes carences. Mais cela ne serait rien – c'était réparable et on finissait toujours par s'arranger – si l'on n'avait pris la fâcheuse habitude de faire en sorte que chacun s'occupât de tout, dans le champ de ses compétences et hors de celui-ci. On ne compte plus les équipements – c'est quasiment devenu la règle – qui sont financés à la fois par la commune où ils se trouvent, l'institution intercommunale, le pays, le département, la région, l'État et l'Europe. Imaginez la collection de logos ! Imaginez l'inextricable tuyauterie financière, sans compter l'ampleur des négociations et des marchandages !

Mais il y a plus grave encore. L'État s'est paupérisé. Il l'a d'ailleurs voulu. Ce n'était pas inéluctable. Et, pour ce qui relève, ou est censé relever, de sa compétence propre, il a pris l'habitude, sous couvert de *contrats* de toute sorte, de tendre la sébile aux collectivités locales pour financer la construction des universités, d'abord, des gendarmeries, ensuite, des commissariats de police, aujourd'hui, et demain des palais de justice et des prisons. Tout cela est toujours bien présenté, bien habillé. Mais l'État peut-il devenir un *ordre mendiant* dans le domaine de sa compétence régalienne ? Avec les risques que cela comporte inéluctablement : les communes riches pourront payer de beaux commissariats, très modernes, mais les autres ? Le droit à la sécurité et aux équipements afférents est le même partout, sinon il vaudrait mieux ôter l'*égalité* du fronton de nos mairies. Et si la commune refuse de payer – comme elle en a le droit puisqu'elle peut justement arguer que ce n'est pas de sa compétence –, ce ne pourra (théoriquement) pas être une raison pour que ses habitants ne bénéficient pas de ce droit à la sécurité et des équipements afférents... Mais que dira alors la commune voisine qui, elle, aura accepté de payer ?

Plus le secrétaire général réfléchissait, plus il se persuadait que la situation risquait de devenir, en droit comme en fait, de plus en plus inextricable. Il était devenu presque impossible de dire aujourd'hui : « L'État s'occupe de la sécurité publique. » De loi en loi, on avait multiplié toutes sortes d'instances et de contrats associant les maires, les départements, le procureur de la République, le représentant de l'État et toutes les administrations concernées. Il y avait un conseil départemental de la prévention auquel on venait d'ajouter un conseil départemental de la sécurité. Sans compter le nouveau conseil local de la sécurité *présidé* par le maire et où le préfet *siégerait* !

Tout cela était cependant justifié : comment les acteurs de terrain pourraient-ils ne pas être pas consultés ni associés à ces politiques ?

Le secrétaire général concentra ses réflexions en une formule lapidaire. La décentralisation, qui devait être la séparation des pouvoirs, est devenue la *dilution* des pouvoirs, la *confusion* des pouvoirs. Il ajouta : la multiplication des instances de concertation, de codécision, des *autorités* de toute sorte et des commissions de toute nature, jointe à l'inextricable lacis des financements croisés et recroisés, cela aboutit à ce que j'appelle la *démocratie molle*, un système diffus et faussement flatteur au sein duquel l'autorité de l'État, mais en fait *toute autorité*, s'étiole.

Il ajouta un codicille à ce discours qu'il se faisait à lui-même. Quel corps préfectoral veut-on ? Il avait assisté à l'évolution du comportement des préfets. Il se souvenait que l'un d'entre eux lui avait dit jadis : « Si un ministre me demande de plonger dans le fleuve et qu'il n'y a pas d'eau, je plonge ? », ce qui lui était apparu être le comble de l'imbécillité. Habités au départ d'un sens très aigu du pouvoir régalien de l'État, un certain nombre d'entre eux étaient devenus, au fil des années, de remarquables ou d'aimables diplomates passant le plus clair de leur temps à rechercher des accords entre le président de la région, celui du département et les maires – et cela même s'il reconnaissait que d'autres avaient su concilier les qualités du diplomate et l'autorité qui s'attache à la fonction. Le secrétaire général avait pris l'habitude de se tenir à lui-même comme il le faisait à l'extérieur ces phrases empesées et lourdement nuancées qui lui permettaient de faire la part des choses au milieu de ses plus notables montées d'adrénaline. C'était devenu un tic professionnel.

Il avait dans la tête un autre codicille. Théoriquement, le préfet représente tous les ministres. Mais, pratiquement, les finances sont un empire. Le trésorier-payeur général a ses prérogatives. La justice est un autre continent, qui obéit à sa propre logique. L'Éducation nationale est un monde jalousement attaché à ses prérogatives. Le recteur y veille. La Défense, n'en parlons pas, même si le préfet a quelque prérogative en matière de « zones de défense ». Il avait dans son escarcelle la santé et les hôpitaux. Mais on a cru devoir créer des agences régionales de l'hospitalisation, dirigées par ce qu'il faut bien appeler des préfets sanitaires ou hospitaliers. Ce fut un camouflet, prétendument justifié par l'idée que les préfets auraient quelque difficulté à faire appliquer la volonté de l'État en matière de maîtrise des dépenses hospitalières. On ne voit pas pourquoi. C'est toujours ainsi : il y a un problème, on crée une institution. Le secrétaire général se souvenait de ce préfet qui, par une sorte de rage, avait pris un malin plaisir à convoquer le nouveau directeur de l'agence régionale de l'hospitalisation à de multiples réunions sur la sécurité civile, au motif que le risque incendie et les exercices d'évacuation à l'hôpital restaient, eux, jusqu'à nouvel ordre, de sa compétence. Restait – en effet – à la préfectorale la sécurité sous toutes ses formes, mais, si la sécurité devenait maintenant l'objet de palabres incessantes et de nombreux conflits de pouvoir, on pouvait sérieusement se demander où on allait.

« C'est le *spleen* de la préfectorale », se dit-il, à grande voix cette fois-ci, à gorge largement déployée, ce qui fit sursauter encore une fois la secrétaire. Elle eut un moment de stupeur et regarda, incrédule, le secrétaire général qui regretta aussitôt son propos. Celui-ci avait suscité chez sa collaboratrice un mouvement brutal et comme mécanique de tout son être, dont il ne put s'empêcher de constater qu'il était bien différent du mouvement subtil de la hanche qu'il avait secrètement détecté quelques minutes plus tôt. Il avait beaucoup lu Sigmund Freud et ses épigones. Il savait que la signification était partout. Il contempla le dos de sa secrétaire, sa nuque, le port de sa tête. Cela suffit pour qu'il perçût une franche réprobation de sa part.

Le secrétaire général se remit à contempler son emploi du temps du jour. Celui-ci était serré, tassé. Bien qu'il fût tôt encore, il se surprit à bâiller. À la réflexion, cela ne l'étonna pas. Il avait mal dormi. Il lisait, relisait chaque ligne. Chaque ligne devenait floue comme la mer. Il laissa un moment son esprit battre la campagne. Il était ailleurs.

CHAPITRE 2

Il était huit heures quarante.

L'événement principal de la journée et qui la clôturerait affleura dans le champ des pensées du secrétaire général. Cet événement qui le mobilisait déjà depuis quelques jours, si bien qu'il n'en était déjà plus un, était le départ du préfet. Celui-ci devait quitter la préfecture pour faire valoir ses droits à la retraite, selon la formule stupidement rituelle. Contrairement à d'autres de ses collègues, il n'avait pas recherché la présidence d'une société d'autoroute ou quelque emploi dans le secteur privé qui lui aurait permis de valoriser sa solide expérience et ses connaissances juridiques. Non qu'il critiquât, en aucune façon, ceux qui avaient fait ce choix ou répondu aux sollicitations, mais il avait décidé de se consacrer à temps plein à des organismes humanitaires.

Dès que la nouvelle fut connue, et même auparavant, le nom du successeur fit son apparition au *Bulletin quotidien*, qu'on photocopiait beaucoup chaque matin, bien que cela fût interdit. Et ce nom était assorti de sa biographie que chacun, parmi les membres du corps préfectoral en poste au sein du département, éplucha, considérant la formation initiale du nouveau promu, le temps qu'il lui avait fallu pour atteindre les postes des différentes catégories, ses deux passages dans des cabinets ministériels, l'effet supposé de ceux-ci, en bien ou en mal, sur la qualité des postes qu'il avait occupés ultérieurement et le temps passé à occuper chacun d'entre eux.

En même temps, le *téléphone arabe* fonctionna : on se renseignait sur le caractère de l'arrivant, sur ses habitudes, sur la manière dont il fallait le prendre. L'effet du *téléphone arabe* ne s'arrêtait pas aux hautes strates de l'administration départementale. Il se déployait, se multipliait jusqu'aux chefs de bureau, aux adjoints administratifs, aux huissiers – c'était surtout des *huissières* –, aux chauffeurs et aux cuisinières. Une forte solidarité unissait tout ce petit monde qui avait l'avantage de la permanence. Aux fiches, notations et classements qui suivaient imperturbablement, à travers leurs tribulations, le membre du corps dans les armoires ou désormais les ordinateurs de la direction générale de l'administration, sise place Beauvau, ou peut-être dans l'un des multiples couloirs donnant sur la rue des Saussaies, répondait de manière homothétique le classement qu'effectuait le petit monde qui dans les bureaux, les cuisines, les garages et les soupentes des préfectures toisait, évaluait et comparait les préfets successifs ainsi que leurs épouses ou leurs époux – mais rares étaient encore les femmes préfètes.

Le préfet avait organisé la veille ses cérémonies d'adieu. À tous les membres du personnel il avait fait un discours extrêmement chaleureux, au cours duquel il avait exalté le sens de l'État et l'abnégation qu'il requérait, qui fut longuement applaudi. Beaucoup avaient la larme à l'œil. Le soir, il y eut une réception organisée à l'intention des notables de la ville, du département et de la région. Le préfet salua avec beaucoup de cordialité les invités à leur arrivée et à leur départ.

Le secrétaire général avait loué le comportement du préfet devant son amie alors qu'ils rentraient dans leur logement de fonction. Le secrétaire général vivait avec celle qu'il appelait son amie depuis plus de vingt ans. Pendant longtemps, celle-ci ne fut pas conviée aux réceptions officielles. Dans les années quatre-vingt et même dans les années quatre-vingt-dix, il avait perçu, à maintes reprises, une réprobation quant à leur statut. Cela peut paraître incroyable – incroyablement désuet – aujourd'hui, mais c'était ainsi. Il faut dire que, jusqu'à une date récente, les épouses des préfets et sous-préfets étaient notées. Elles se devaient d'assumer gracieusement une tâche d'hôtesse de maison au service de la République, de s'occuper de mille et une questions domestiques, ce qui était incompatible avec l'exercice d'un métier. Les choses étaient en train de changer. Le secrétaire général enregistra avec plaisir l'admission de sa compagne au sein de « l'Amitié des conjoints pour l'information et l'entraide dans le corps préfectoral ». Son amie était attachée à son travail qui la retenait souvent à Paris. Cela leur avait permis d'expérimenter longtemps ce que deux sociologues missionnés par l'association précitée avaient qualifié de « l'une des formes les plus modernes de la vie du couple, comme être ensemble sans vivre ensemble ».

Eux vivaient cependant beaucoup ensemble. Son amie, qui était chercheuse en sciences sociales, pouvait organiser assez librement son travail, même si des conférences à l'École des hautes études, des colloques universitaires et des enquêtes de terrain la retenaient fréquemment à Paris ou à l'étranger.

Au total, si l'on exceptait la *démocratie molle* et ses inexorables conséquences, tout était finalement lisse, correct, organisé. Il y avait le préfet, pour un jour encore, en attendant le suivant, le secrétaire général, son amie, la secrétaire, les parapheurs, la façade, la cour, les grilles et la réunion qui commencerait inévitablement à neuf heures, ou peut-être à neuf heures cinq. La seule chose qui intriguait le secrétaire général, c'était qu'il se fût laissé aller à deux, ou peut-être trois reprises à parler haut, en ne s'adressant qu'à lui-même. À sa connaissance, cela ne lui était jamais arrivé auparavant. Et cela arrivait justement le jour du départ du préfet.

Il était si persuadé que rien n'était anodin, si convaincu de l'absence de hasard, qu'il ne put s'empêcher d'interpréter ce comportement insolite comme l'expression du désir de puissance qu'il éprouvait avec de plus en plus de vivacité. Analyste, et même pinailleur comme il était, il y trouva deux causes.

La première était conjoncturelle. Il en avait assez de guetter les communiqués du Conseil des ministres ou plutôt les appels téléphoniques qui vous parviennent généralement le mardi soir pour vous annoncer la nouvelle ; il en avait assez de lire les biographies du *Bulletin quotidien* ou de s'abîmer les yeux sur celles que *Le Monde* publiait naguère, entre crochets, en caractères illisibles ; il en avait assez de soupeser les carrières de ses camarades de promotion. Assez, en un mot, d'attendre sa promotion en qualité de préfet de la Haute-Loire ou de la Lozère, de haut-commissaire chargé de la Nouvelle-Calédonie ou d'administrateur des terres australes. Ses verbalisations incongrues étaient l'indice de son très infantile désir de se substituer au patron. Il serait maître à bord un soir, une nuit, et encore la matinée du lendemain, comme il l'avait été lorsque, durant les vacances, le préfet s'éclipsait dans le Luberon, quoi qu'il sût qu'il n'y avait là qu'apparence puisque l'intérim est toujours exercé sous le contrôle de l'autorité en place et qu'il n'y a pas de vacance du pouvoir, pas d'interstice, pas de vacuité, le nouveau préfet entrant en fonction au moment précis où son prédécesseur cesse de l'être, cette extrême continuité interdisant jusqu'à une période récente que les deux personnages se rencontrassent au sein de la préfecture, ce qui risquerait d'entraîner un fâcheux confusionnisme : l'autorité de l'État ne pouvait être qu'une, de même que, selon Barère, « chez un peuple libre, la langue doit être une et la même pour tous ».

La seconde cause était plus fondamentale. Si le secrétaire général parlait haut, c'est que la *démocratie molle* lui était devenue insupportable et que, même si, durant toutes les heures et toutes les minutes de la journée, il ne se départait ni de sa patience ni de sa courtoisie légendaires, il fallait que sa colère éclatât. Il savait bien qu'on ne parlait jamais pour soi-même. C'est seulement dans certains livres que les héros parlent tout seuls devant les arbres, et cela avait déjà été moqué dans la littérature. Il n'aurait pas parlé si la secrétaire n'avait pas été présente. Il se souvenait d'ailleurs qu'il avait très exactement commencé à parler au moment précis où elle était entrée dans la pièce. Il avait voulu qu'elle entendît ses paroles, qu'elle les comprît, et il avait aimé, quoi qu'il s'en défendît, être témoin du trouble qui s'était alors emparé d'elle.

La secrétaire, qui avait regagné le petit bureau qu'elle partageait avec l'une de ses collègues, l'appelait justement au téléphone. Le député, ou plutôt l'ancien député, souhaitait lui parler. Il accepta de le prendre (s'il n'avait pas voulu, la secrétaire, qui était expérimentée, eût usé de toutes les stratégies en vigueur, et qui ne trompent pas les initiés, du style : « *Je vais voir s'il est là* »). C'était l'un de ses amis très chers, un ancien camarade, qui avait été plusieurs années député d'un département voisin. Il avait été battu aux élections législatives de juin 2002 et s'en remettait mal, d'où ses appels incessants. Il revint une nouvelle fois auprès de son ami sur le sentiment d'injustice qu'il éprouvait, bien qu'il ne contestât en rien le verdict du suffrage universel. Il avait, durant des années, été un député de terrain exemplaire, ne ratant aucune inauguration, aucune remise de médaille. Il avait soutenu auprès des ministères les projets des communes de sa circonscription, défendu les entreprises en perdition et leurs salariés ; il avait pu obtenir quelques crédits sur le chapitre du budget du ministère de l'Intérieur, bien connu des parlementaires, qui permettait d'apporter de modestes subventions aux collectivités locales ; il avait parallèlement été très actif à l'Assemblée, soutenant force amendements, intervenant sans cesse, présentant des rapports, posant maintes questions au gouvernement…

Et il avait eu le sentiment, la certitude même, que tout cela n'avait rien pesé au moment du vote. Il s'était fait à ce sujet une théorie qui ne manquait pas de crédibilité. « Il n'existe pas, disait-il, d'élection législative. Les citoyens ne votent pas pour un législateur. Les bilans présentant le travail individuel du député ne servent à rien. La question de savoir si le député sortant a bien fait ou non son métier de législateur est une question nulle et non avenue au moment du vote. Elle ne pèse pour rien, absolument rien. Lors des législatives, les gens confirment l'exécutif en place ou l'infirment. Ils revotent pour le président récemment élu, ou contre lui. C'est comme si le travail proprement législatif n'avait pas de consistance, était insusceptible d'être sanctionné dans un sens ou dans un autre. Chacun connaît des députés sortants dont le travail parlementaire a été indigent, nul, inexistant, et qui sont brillamment réélus parce qu'ils ont l'étiquette de l'*exécutif* qui a le vent en poupe ou parce que leur circonscription est *enracinée* politiquement dans un sens ou dans l'autre. Si l'élection législative n'est que la confirmation ou l'infirmation du vote pour l'exécutif et si le même exécutif a, en vertu de la Constitution, un poids si lourd dans le fonctionnement de l'Assemblée et du Sénat, quelle est la *substance* du pouvoir législatif ? Nous ne sommes pas, en France, des disciples de Montesquieu. L'avons-nous d'ailleurs jamais été une seule fois dans notre histoire ?

» J'ajoute, disait-il, que, concomitamment, le pouvoir dit territorial du député s'est réduit comme peau de chagrin. Regardons les choses en face. À l'heure de la décentralisation, qui donne d'incontestables pouvoirs aux maires et présidents de départements et de régions, quel pouvoir a un député par rapport à une circonscription ? Il peut, je l'ai dit, obtenir quelques subventions, mais celles-ci sont une survivance des époques antérieures à la décentralisation, et elles sont bien modestes par rapport à ce que la région ou le département ont les moyens d'octroyer. Naguère encore, le député pouvait obtenir que les jeunes appelés fissent leur service militaire à proximité de chez eux (c'était l'objet d'un gigantesque volume de courrier dont on n'a jamais mesuré l'importance), mais il n'y a plus de service militaire. Il peut toujours écrire aux ministres et au préfet pour des cas individuels. Lui-même ne s'en est d'ailleurs pas privé. Mais cela, répétait-il, n'a pas de sens à un moment où les responsables des exécutifs locaux peuvent tout aussi bien effectuer ces démarches. »

L'ancien député rêvait qu'il y eût un vrai corps législatif, qui exercerait une authentique magistrature au service des citoyens. Parce que, dans une véritable démocratie, la loi est première, et l'exécutif, second – l'exécutif est là pour appliquer la loi qui est la charte suprême –, il considérait qu'il fallait instaurer un système dans lequel les législateurs, en vertu du fait qu'ils étaient les législateurs de toute la nation, les défenseurs de l'intérêt général ou, du moins, de l'idée qu'ils s'en faisaient, n'auraient pas le droit de faire quelque intervention que ce fût en faveur d'une commune, d'une association, d'une entreprise, d'un particulier. On devrait considérer comme incompatible d'avoir pour mission de défendre le bien commun, la loi commune et d'être le lobbyiste d'intérêts particuliers, si légitimes et si respectables fussent-ils.

L'appel de l'ancien député au secrétaire général avait pour seul objet de lui annoncer qu'il venait d'achever un texte, une longue dissertation, sur un sujet qu'il résumait sommairement ainsi : « Comment se fait-il que, dans notre démocratie, on ait toujours considéré que la personne qui faisait la loi (générale) devait nécessairement être aussi celle qui défendait des intérêts (particuliers), qu'ils fussent ceux des individus ou ceux des collectivités ? Pourquoi a-t-on toujours été si attaché à cette confusion des genres ? Pourquoi s'est-on à ce point accoutumé à l'accomplissement simultané par le même homme de ces deux missions contradictoires ? »

L'ancien député voulait parler plus longuement avec le secrétaire général. Bien que cela ne l'arrangeât pas, il ne crut pas pouvoir refuser. Il lui proposa de passer le voir en fin de matinée.

Le secrétaire général trouvait son vieux camarade sympathique. Il l'aimait bien. Mais il savait déjà toutes les objections qui s'opposeraient à ses propositions utopiques, et dont la première s'appellerait « le terrain ». Il fallait que les députés fussent sur le terrain dans leurs cantons urbains et ruraux, comme les préfets, comme les ministres, comme le président de la République. *Le terrain* – telle la terre naguère – ne ment pas. La nouvelle religion officielle est celle du *terrain*. On ne jure que par lui et pour lui.

Loin de moi l'idée, pensa le secrétaire général, qu'il faille cesser d'entendre et d'écouter nos concitoyens, mais cela ne saurait tenir lieu de politique. Ce qui dissout la politique et l'intérêt pour la chose publique, c'est ce que j'appellerai le culte de l'opinion. C'est cela : *le culte de l'opinion est antinomique de la politique.* Il la tue plus sûrement que les invectives et le sectarisme. *Le culte de l'opinion, voilà l'ennemi.* Pourquoi ? Parce que trop d'hommes (et de femmes) politiques se réveillent chaque matin en se disant : « Comment vais-je me comporter, parler, agir, décider, pour répondre à l'idée que je me fais de ce que l'opinion attend de moi ? » Ils ne se réveillent pas en se disant : « Qu'est-ce que je pense ? » Non. Ils cherchent à se conformer aux attentes que les inévitables sondages mesurent en permanence. Et le drame, c'est qu'à force de courir tous ensemble après l'idée qu'ils se font de ce que l'opinion attend d'eux ils finissent – si j'excepte les extrémistes – par dire tous la même chose, par proposer la même chose, se comporter de la même manière – en dépit du fait qu'il y a toujours, je sais, je sais, des nuances, des différences et des convictions antagonistes. Mais le même culte de l'opinion donne trop souvent le sentiment, au corps défendant des protagonistes, d'une grande similarité entre les uns et les autres.

C'est délétère, car, si les hommes politiques cherchent tous à ressembler à l'image qu'ils se font de l'opinion, ils se laissent entraîner dans un processus narcissique qui mine et détruit de l'intérieur l'acte politique. Le culte de l'opinion, c'est le contraire de la citoyenneté. Le contraire de l'expression démocratique des citoyens et de leurs représentants. C'est le contraire de la conviction. C'est, évidemment, l'explication principale de l'abstention galopante. S'ils sont tous pareils, parce qu'ils veulent tous ressembler à l'opinion, et à cette idée si galvaudée du sacro-saint *terrain*, comment s'étonner que les gens, en si grand nombre, restent chez eux ? Non, ce n'est pas étonnant. C'est le contraire qui le serait.

Le secrétaire général aurait pu dire ces dernières phrases à voix haute, tellement il connaissait par cœur le discours du député. Il aurait pu les hurler. Mais la secrétaire n'était plus là.

CHAPITRE 3

Neuf heures venaient de sonner au clocher de la chapelle toute proche.

C'était un édifice roman qu'un ermite gardait toute la journée. Le secrétaire général descendait l'escalier monumental qui conduisait aux salles de réunion du rez-de-chaussée. Il eut une pensée pour l'ermite qui veillait aux sonneries comme à l'entretien du sanctuaire et qui était l'un des rares ermites urbains qu'il eût connus. Les ermites, on les imagine plutôt dans le désert ou, à la rigueur, en pleine campagne. Un ermite urbain, c'est une sorte d'oxymore se dit le secrétaire général, qui ne put d'ailleurs s'empêcher de faire une comparaison entre le sort de cet ermite et celui des représentants de l'État veillant, inflexibles, à l'application des lois et des instructions ministérielles au milieu de l'entrelacs des pressions, influences, requêtes, protestations et manifestations qui environnent toujours les grilles des préfectures. Il repensa au mouvement d'humeur – c'était un euphémisme – qui l'avait habité quelques instants plus tôt. Il constata qu'il en était encore empreint et que quelques gouttes perlaient à son front. L'image de la secrétaire, celle de son amie aussi, qu'il avait quittée à sept heures quarante-cinq, traversèrent son esprit pendant qu'il s'épongeait. La réunion qu'il ouvrit quelques instants plus tard n'était justement pas de celles qu'il vilipendait intérieurement quelques dizaines de minutes plus tôt en raison, à la fois, de leur profusion et de leur inutilité. Elle était, au contraire, de celles qui produisaient indiscutablement de l'effet – « Hélas, trois fois hélas, mille fois hélas… », murmura-t-il au moment où chacun ouvrait son dossier. Il s'agissait de la commission départementale d'équipement commercial. Cette instance avait pris la suite de celle qui était censée traiter naguère d'« urbanisme commercial » et au sein de laquelle il était beaucoup question de commerce et fort peu d'urbanisme, ou alors du pire. Cette commission, et celle qui l'avait précédée, était, pour le secrétaire général, très révélatrice de nos mœurs françaises et, en réalité, de notre impuissance. Ces commissions trouvaient leur origine dans la célèbre loi de Jean Royer destinée à protéger le petit commerce face à l'invasion des moyennes, puis grandes, puis très grandes surfaces. Le dispositif mis en place par cette loi était en tout point remarquable. Les projets dont la surface (curieuse métonymie, se disait le secrétaire général, on disait *la surface* pour le volume, le bâtiment… et finalement les clients, les personnels, les marchandises) – dont la surface, donc, était supérieure à celle indiquée par les textes devaient passer sous les fourches Caudines d'une commission départementale rassemblant les représentants de toutes les parties (ne disons pas *tous les intérêts*) en cause et puis, celle-ci ayant pris sa décision dans un sens ou dans l'autre, il y avait, quelle que fût cette décision, une possibilité d'appel, auprès d'une commission nationale homothétique. L'objectif était de freiner l'implantation des fameuses *surfaces* à la périphérie des villes et de maintenir, voire de conforter, l'équilibre commercial des métropoles, des villes moyennes et des chefs-lieux de canton qui avait donné lieu, et donnerait encore lieu, à d'innombrables discours. La réalité, on le sait, fut tout autre. Alors que notre pays est celui où les commissions traitant de ce sujet sont les plus nombreuses, les procédures, les plus lourdes, la législation, la plus nourrie et la réglementation, la plus vétilleuse, nous sommes les champions d'Europe pour les hypermarchés, et notre pays est celui où l'*équilibre commercial* s'est le plus fortement et le plus rapidement dégradé au cours des quarante dernières années. Il y a là un évident paradoxe. Certains en concluent bien vite, se dit le secrétaire général, que c'est la preuve que tout ce dispositif est inutile et que la loi du marché est la seule manière de parvenir à l'équilibre optimal. Il n'en croyait rien. Il était persuadé que si l'on avait laissé les choses aller à vau-l'eau cela eût été pire. Il énuméra les causes de ce remarquable échec. Il y avait d'abord, évidemment, le financement politique. Une plaie, dont les conséquences furent catastrophiques. Les mètres carrés s'achetaient, se vendaient, se partageaient. L'atmosphère des commissions dites d'« urbanisme commercial » était nauséabonde. Pour peu que l'on eût un peu d'habitude, on percevait physiquement les accords et les connivences. À cette réalité désastreuse s'ajoutait la difficulté pour le maire dont la commune comptait sur son territoire l'une des routes nationales entrant dans une agglomération de refuser l'arrivée d'une grande surface apportant des emplois et une taxe professionnelle non négligeable. Le secrétaire général se fit la réflexion que les choses s'étaient quand même améliorées avec les lois sur le financement des partis politiques et l'instauration de la taxe professionnelle unique perçue par l'agglomération. Encore que le fonctionnement de la commission départementale d'équipement commercial qui se déroulait précisément sous ses yeux ne manquât pas de susciter, jusqu'à aujourd'hui, un malaise perceptible. Le représentant d'un grand groupe venait de présenter non sans habileté un projet d'extension. Il n'y avait que cinq votants, le maire de la commune et le représentant de l'institution intercommunale qui étaient acquis au projet, les représentants des chambres de commerce et de métiers qui, eux, y étaient hostiles par principe (même si les principes avaient connu dans les dernières années de notables exceptions) et le représentant des consommateurs, ultime espoir et secrète pensée ! Sa voix ferait basculer la décision dans un sens ou dans l'autre. Les associations tenaient à leur indépendance. Les grandes surfaces faisaient miroiter les prix plus bas. La partie adverse expliquait que la mort des commerces de proximité était un mauvais coup pour les consommateurs, notamment pour les personnes âgées. Et qui jurerait que, dans ce nouveau dispositif, il n'y avait pas encore pressions, influences occultes et contacts discrets ? En tout cas, le mouvement d'installation puis d'extension des hypermarchés se poursuivait inexorablement, jusqu'à saturer l'espace et l'offre disponibles. Cependant que l'on votait publiquement, ce qui était un indéniable progrès, car chacun devrait s'expliquer, le cas échéant, devant ses mandants, le secrétaire général se fit la réflexion que, si les nouvelles règles sur le financement politique étaient un progrès par rapport à la situation précédente, il était plus dommageable que certains ne l'affirmaient de voir l'essentiel du financement des partis politiques (et une bonne partie de celui des syndicats) relever de l'État ou de la puissance publique. Était-il devenu impossible de demander à ceux qui croyaient en leurs convictions d'apporter plus largement leur quote-part ? Outre qu'il ne voyait pas d'un bon œil que ses propres impôts financent les formations politiques de MM. Le Pen et Mégret, il se demandait s'il était sage d'étatiser le financement des partis et des syndicats. Il avait une peur panique que la France s'étiole faute de militantisme, avec le consentement de tant de responsables de toute sorte.

Mais la raison principale, poursuivit-il dans son monologue intérieur, cependant que, le vote enregistré, on passait au dossier suivant, c'est que depuis quarante ans nous n'avons jamais été clairs sur la ville que nous voulions. Les municipalités ont bichonné les centres anciens, patrimoniaux, historiques. Il n'est que de parcourir la France pour voir tout ce qui a été fait en faveur des centres des villes grandes et moyennes (sans compter les opérations « cœur de village »). En revanche, les « entrées de ville », tout le monde s'en est moqué. Alors que l'architecte des bâtiments de France mettait un soin extrême à contrôler, à juste titre, la forme et la couleur des volets dans le secteur sauvegardé ou à une distance définie d'un monument classé, il n'était plus compétent, il n'était plus concerné, et on pouvait faire n'importe quoi dès lors qu'on avait franchi la porte de la ville ancienne. Il y avait dans cette division de l'espace quelque chose de révoltant. D'un côté la règle et l'exigence, de l'autre le laxisme et la médiocrité, ce dernier terme étant un nouvel euphémisme. C'est ainsi qu'on a laissé proliférer – c'est le mot – aux portes de nos villes, partout, du nord au sud et de l'est à l'ouest du pays, le même magma informe de blocs, de parallélépipèdes, de cubes commerciaux, de tôles ondulées, de restaurants et d'hôtels standardisés, d'hypermarchés et de multiplexes, reliés par les mêmes parkings sans âme, les mêmes *no man's land*, les mêmes frontons hideux, les mêmes pancartes surdimensionnées, la même non-architecture. À vrai dire, *l'architecture est devenue l'enseigne* puisqu'il faut qu'on reconnaisse de très loin le même bâtiment qui devra susciter instantanément l'image de la même marchandise. C'est un vrai sinistre urbanistique, qui s'est inexorablement accompli, quarante années durant, se jouant des gouvernements et des alternances. Le secrétaire général voyait bien que cette commission et tant d'autres, des centaines et des milliers d'autres, avaient été impuissantes à conjurer le phénomène. L'avait-on voulu ? Le voulait-on ? Et, derrière ces questions, une autre surgissait : quelle ville voulons-nous ? Acceptons-nous ce déport vers le modèle pseudo-californien de la ville ? Nous satisfaisons-nous de cette répartition de l'espace urbain entre, d'une part, centres-villes patrimoniaux et, d'autre part, banlieues faites de grands ensembles d'étalement pavillonnaires et de pôles commerciaux de plus en plus immenses ? On connaissait les supermarchés périphériques de l'automobile et du bricolage. On voyait poindre ceux de la santé et de la mort. Les villes sont des êtres vivants. Comme nous. Elles sont une part de nous-mêmes. Elles sont notre prolongement. Entre la cité grecque et la banlieue pseudo-californienne, où en est la ville européenne ? Il y avait eu, là-dessus, d'excellents rapports. Mais de loi, point. Pourtant, en ce domaine, une loi, des lois seraient bien utiles. Non pas pour revenir au passé. C'est impossible. Mais pour façonner, à partir de ces morceaux de ville dont nous héritons, les cités harmonieuses auxquelles nous devrions aspirer. Il faudrait que les architectes des bâtiments de France eussent autant de pouvoir, et même davantage, pour les portes et les périphéries des villes que pour leurs centres anciens. Il faudrait des contraintes fortes en matière d'architecture et de paysage. Qu'attend-on ?

Étrangement, cette question importante n'avait été abordée par aucun candidat lors des élections présidentielles ou législatives. En ce domaine plus qu'en tout autre, beaucoup de nos concitoyens étaient atteints d'un conservatisme foncier qui empêchait d'imaginer que la disposition des choses pût être différente de ce qu'elle était. Une fois encore, la majorité des élus suivait l'*opinion commune.*

Depuis quelques minutes, le secrétaire général présidait mécaniquement la réunion. Il avait un tel métier que c'était devenu pour lui une seconde nature. La secrétaire, dont il s'avisa de la présence, se permit toutefois de tapoter sur la table et de lui poser à mi-voix une question anodine, pour la justesse du compte rendu. Il la regarda fixement quelques secondes, cependant qu'une nouvelle fois les élus et les représentants des chambres consulaires s'étaient tournés vers le consommateur qui, après un moment d'hésitation, avait fini par lever son doigt en faveur de la seconde extension de la matinée.

Il y avait encore deux dossiers à examiner. La cloche sonna à nouveau. L'ermite urbain devait méditer. Le préfet devait, lui, éprouver quelque nostalgie en vivant cette dernière matinée. Sur la pelouse qu'on apercevait de la fenêtre, les fleurs remarquablement rangées avaient l'air stupides. Il y a des jardins qui faisaient rêver le secrétaire général, et en particulier les potagers de son enfance, bordés d'une allée, où poussaient à foison des groseilliers, des framboisiers et des cassis. C'était des jardins pleins de glycines et d'aubépines, très différents des jardins de toutes les sous-préfectures où il avait sévi, qui avaient toutes le même air compassé et la même configuration parfaitement circonscrite. Les allées étaient droites, les pelouses, exactement tondues, les géraniums, irrémédiablement alignés. Il rêvait d'un jardin de préfecture peuplé d'herbes folles, avec du foin, des orties, des pivoines, des coquelicots, des buissons-ardents, sans oublier les groseilles, les mûres, le chiendent et le cassis, où il pourrait sinon s'ébattre, du moins imaginer de le faire.

Il voyait bien qu'un tel paysage était totalement contradictoire avec l'idée même d'une préfecture, haut lieu de l'ordre et de la loi. Il fit semblant de se demander un instant pourquoi. Mais il savait bien que, s'il était nommé demain préfet de la Haute-Loire, il ne supporterait pas que la pelouse ne fût pas exactement tondue.

CHAPITRE 4

Il avait regagné son bureau. La sous-préfète à la ville frappa à la porte et entra. « Je ne te dérange pas ? » C'était une brunette, une Méridionale. Il y a quelques années déjà que l'on avait eu l'idée de créer des postes de sous-préfet à la ville. La politique dite « de la ville », mais qui est en réalité, comme son nom ne l'indique pas, la politique des quartiers en déshérence, s'enlisait. On avait diagnostiqué, avec pertinence, une trop grande complexité dans les procédures, un trop grand nombre d'acteurs, des efforts trop dispersés. Comme souvent, on avait d'abord cherché une réponse institutionnelle. On avait créé une nouvelle catégorie d'emplois dans le corps préfectoral. Les sous-préfets à la ville auraient, sous l'autorité du préfet, la capacité de mobiliser l'ensemble des services de l'État pour mettre en œuvre cette politique qui, depuis le discours inaugural de François Mitterrand à Villeurbanne, était sans cesse célébrée comme une impérieuse priorité. La sous-préfète à la ville était inquiète. Elle craignait que la réunion qui devait commencer à dix heures trente se passât mal. Il y avait, en effet, de fortes divergences entre les élus. Le nouveau contexte créé par les présidentielles, puis les législatives, ne facilitait pas les choses. Les uns défendraient l'acquis. Les autres rêveraient de revanche. Ils ne se contenteraient pas d'en rêver. Ils la voudraient là, maintenant. Le nouveau gouvernement et sa nouvelle majorité avaient tenu à voter cinq textes de loi en vingt-six jours exactement, incluant la vingtième réforme du Code de procédure pénale en vingt ans, avec une rage froide. La rage froide, c'était bien cela. Non pas une arrogance excessive, si l'on exceptait certaines inflexions du ministre de l'Intérieur. Le Premier ministre avait d'ailleurs personnellement veillé à ce qu'il n'y eût pas trop d'arrogance.

Le secrétaire général fit observer à la sous-préfète à la ville, qui était plus jeune que lui, que c'était précisément cela la démocratie, qu'il ne fallait ni s'en étonner ni s'en offusquer, mais plutôt s'en réjouir. Ne pas répondre dans les meilleurs délais aux attentes, c'était le mot convenu, de l'opinion eût été une folle erreur.

Le directeur de cabinet entra dans la pièce au moment précis où le secrétaire général faisait cette réflexion à son interlocutrice. Et, bien que celle-ci fût d'une impeccable orthodoxie, il se sentit gêné, ce que perçut aussitôt le directeur de cabinet, qui imagina que le secrétaire général tenait de tout autres propos à leur collègue, mais qui ne le fit aucunement sentir et prononça avec le naturel qui lui était coutumier la phrase rituelle : « Je ne vous dérange pas ? » Le directeur de cabinet était un jeune chiraquien auquel on promettait un bel avenir, que les circonstances rendaient plus prometteur encore, qui tutoyait plusieurs membres du gouvernement et un certain nombre de députés, dont l'un du département, ce qui fit sourciller le préfet, qui jugea cependant plus judicieux de ne pas lui en faire la remarque. Il avait une grande force de séduction. La sous-préfète à la ville y était sensible, mais, fille d'instituteurs publics du département de l'Aude, socialiste dans l'âme, elle était, tant par ses origines que par ses convictions, aux antipodes de son sémillant collègue.

Le directeur de cabinet était, lui, préoccupé par la réunion de suivi du contrat local de sécurité qui aurait lieu l'après-midi et qui serait la dernière que le préfet présiderait. Il souhaitait que cette réunion se passât bien, d'autant plus que le préfet avait tenu à la présider lui-même, car il mettait un point d'honneur à accomplir intégralement sa mission jusqu'à son terme.

Le secrétaire général fut sensiblement contrarié de n'avoir pas pu achever sa démonstration auprès de la sous-préfète. Il se dit en descendant l'escalier avec elle qu'il y reviendrait. Il lui expliquerait que la politique obéissait à des lois physiques que rien ne pouvait contrarier, du moins en certaines circonstances, que c'était comme la mer, la tempête, les marées, qu'elle procédait par grands mouvements, qu'il valait mieux le savoir, que rien n'était jamais irrémédiablement joué et que c'était aussi un artisanat, une toile à tisser. Il s'était demandé plusieurs fois s'il n'aurait pas pu, comme l'ancien député, qui viendrait tout à l'heure et qui ne s'était pas encore remis de la grande marée, se présenter aux élections. Il s'y était toujours refusé, par une incapacité à adopter continûment une position partisane. Ce qui lui aurait convenu eût été une petite formation mendésienne, qui se serait refusée, par principe, à toute forme de discipline de vote. Et, bien que l'ancien député lui eût exposé cent fois qu'on pouvait être libre de ses opinions et de leur expression au sein d'un parti, il se sentait plus à l'aise dans le corps préfectoral tout en vivant chaque jour les frustrations du métier. Il était d'une totale fidélité au gouvernement en place, ce qui ne l'empêchait pas de dire, dans les formes requises, ce qu'il avait à dire. Et, puisqu'il fallait « *rendre compte* » – c'était l'un des maîtres mots de la corporation –, il ne se privait pas de le faire. C'était diversement apprécié, mais plutôt bien. Et, surtout, il ne se privait jamais de la liberté souveraine de penser. Il pensait présentement, alors qu'il avait atteint le couloir du rez-de-chaussée, la sous-préfète à la ville, songeuse, marchant toujours à ses côtés, à la dernière loi sur la justice votée par le Parlement avec la rapidité que l'on sait, qui disposait que l'on pourrait incarcérer des jeunes – des enfants – de treize ans en matière correctionnelle. Il voyait que, face à la demande pressante de sécurité, le nouveau pouvoir avait répondu en termes d'*enfermement*, afin d'isoler une partie du mal, de l'extraire du champ social, de manière que nos concitoyens en fussent épargnés.

Il avait visité les deux prisons du département et leurs quartiers des mineurs, déjà surpeuplés. Des rapports parlementaires avaient dénoncé cet état de choses. Le garde des Sceaux et son secrétaire d'État, chargé bizarrement de l'*immobilier*, avaient convenu du piètre état de nos établissements pénitentiaires. Ils avaient annoncé un effort *considérable*. On annonce toujours un effort *considérable*. A-t-on déjà vu un gouvernement annoncer un effort *limité, modeste, piètre, de petite envergure* ? Il y a dans la langue ministérielle des hyperboles automatiques qui sont largement comiques au sens où, comme l'avait écrit Henri Bergson, le rire, c'était du « *mécanique plaqué sur du vivant* ». Mais il n'avait pas le cœur à rire. C'était toujours pareil. Il y avait une impérieuse nécessité de légiférer vite. Et donc l'extension des motifs d'incarcération des *enfants* de treize ans était décidée, alors qu'il faudrait, évidemment, des années pour refaire les « quartiers des mineurs » qui doivent l'être et pouvoir espérer que la prison ne serait plus l'« école du crime », comme l'avait dit un ancien et illustre garde des Sceaux. Qu'importent les conditions d'application, la loi était bientôt là ! Elle avait été votée dans des délais records. On agissait. On agissait. Le secrétaire général avait souvent observé que, dès qu'ils entendaient à la radio ou à la télévision qu'un projet de loi était adopté au Conseil des ministres, nombre de ses interlocuteurs en concluaient que la loi et les décisions afférentes étaient d'ores et déjà mises en application. Ils ne pensaient pas qu'il faudrait attendre le vote du Parlement. Au mieux, ils le croyaient acquis. L'exécutif décide. Il va de soi que le reste suivra.

Le secrétaire général était entré avec la sous-préfète dans la vaste salle où se tenait la réunion sur le contrat de ville. Pas moins de trente-quatre personnes y participaient. Il y eut tout d'abord un exposé technique sur le programme social thématique. Il y eut ensuite un *point*, comme on disait de manière elliptique, sur le social, qui, comme c'était prévisible, suscita un débat passionnel. La sous-préfète à la ville revint sur les dispositions de la loi sur la solidarité et le renouvellement urbain qui enjoignaient de construire des logements sociaux dans les communes qui comptaient sur leur territoire un pourcentage de ces logements inférieur au seul fixé par ladite loi.

Plusieurs maires rétorquèrent que cette loi, par ailleurs attentatoire aux libertés communales, serait bientôt abrogée et qu'il était donc inutile de la mettre en œuvre. La sous-préfète rétorqua que la loi était la loi et que, quel que fût son sort éventuel, si l'on voulait enfin être en mesure de démolir des *barres* d'un autre âge, dans les quartiers en voie de ghettoïsation, il fallait préalablement construire partout ailleurs des logements sociaux de qualité, bien intégrés. Les deux maires dont les communes comptaient de tels quartiers soutinrent ce propos. L'adjoint d'une commune *résidentielle* s'y opposa au nom d'une conception marquée par le *bon sens* et imagea sa démonstration en parlant de deux sacs de pommes. L'un était constitué de pommes saines, l'autre, de pommes blettes. « Si vous prenez une seule, je dis bien une seule, pomme blette et que vous la mettez dans le sac de pommes saines, elle va tout pourrir. Pour le logement, c'est la même chose, une seule famille peut pourrir toute une cage d'escalier ! » Un conseiller général se dressa de tout son être contre cette métaphore fruitière et lui dit : « Eh bien, voilà ! Tu viens exactement de faire la théorie du ghetto ! » La plupart des élus se tutoyaient. Le débat s'enlisa. Chacun garderait, longtemps encore, ses pommes dans son verger.

Une décision devait ensuite être prise quant à la démolition d'une barre qui n'était plus occupée que par huit familles. La sous-préfète dut exposer que, la déléguée interministérielle à la ville ayant considéré que le *projet social* n'était pas abouti, cette question serait reportée à la prochaine réunion. « Le projet social, c'est que les gens en ont marre de vivre là, que, si certaines familles ne veulent pas bouger, ce sont les autres qui en ont marre, et que ça ne peut plus durer », déclara le maire de la commune concernée. Il fut néanmoins décidé qu'un nouveau document serait envoyé à la déléguée interministérielle et qu'on en reparlerait, pour des questions de délais incompressibles, non pas à la prochaine réunion, mais à la suivante.

La séance devait s'achever. Il ne restait qu'un point à l'ordre du jour. Il s'agissait de verser un certain nombre de subventions, pour la plupart modestes, à des associations qui « œuvraient dans le cadre de la politique de la ville ». Ces associations étaient très diverses, et leur action, disparate, allant de la lutte contre l'illettrisme à l'aide juridique et du théâtre au badminton. Elles avaient toutes eu l'idée, il y a quelques années, de solliciter une subvention au titre du « contrat de ville ». Dès qu'un guichet s'ouvre, on s'y presse. Toutes les subventions furent reconduites à l'unanimité. Le secrétaire général pensa que c'était une solution de facilité, un saupoudrage inefficace de crédits publics. Il leva la séance.

Après qu'il eut pris congé de plusieurs élus et fonctionnaires qui avaient souhaité lui rappeler certaines affaires en cours, le secrétaire général remonta l'escalier, toujours aux côtés de la sous-préfète, qui était un peu dépitée. Il la réconforta. « Ce métier, lui dit-il, nous apprend chaque jour qu'il faut donner du temps au temps ; les choses avancent, quoi qu'il en coûte ; à brûler les étapes, on se brûle les ailes. » Mais, intérieurement, il bouillait, ce que perçut la sous-préfète, qui ne put lui cacher ce qu'elle avait perçu. Il infléchit son discours. « Cela dit (c'était une autre inusable cheville), déclara-t-il, c'est vrai que, si l'on regarde les choses en face, le seul résultat concret de cette réunion, c'est la reconduction des subventions ! Quel sens cela a-t-il de réunir trente-quatre personnes pour décider de verser des subventions dont la plupart relèveraient des prérogatives des conseils municipaux ? C'est notre manie, qui atteint avec la politique (dite) de la ville des points culminants. C'est encore, et c'est toujours, l'illustration de ce que j'appelle la *démocratie molle.* [La sous-préfète sursauta : c'était la première fois qu'elle entendait cette expression.] On veut que chacun s'occupe de tout. On réunit sans cesse l'État et ses différentes administrations, la région, le département, l'intercommunalité, les communes, les organismes de logement social, le fonds d'action sociale, et j'en passe, pour décider de tout, et en l'espèce de modestes subventions ! Sois-en sûre, je ne dis pas cela pour préconiser la pure et simple attribution de cette politique aux communes. L'État a un rôle essentiel à jouer. Sinon on n'en finira jamais avec les sacs de pommes, et, les lois de la pesanteur aidant, chacun se repliera sur son pré carré. Mais je rêve de conventions pluriannuelles, pour cinq ou dix ans, entre l'État et l'agglomération fixant le cap : une ambitieuse politique de *renouvellement urbain*, misant partout sur la qualité du bâti, condition nécessaire pour réussir la mixité sociale. Un accord-cadre. Sur l'essentiel. Avec des engagements précis. Point à la ligne. Et que l'on cesse de vouloir que tout le monde décide tout le temps de tout, quitte à ne rien décider du tout. Je sais que les critiques contre la *réunionite* sont rituelles, ajouta-t-il. Cela fait des décennies, des siècles, qu'on s'en émeut. Mais rien n'y fait. Le mal empire. Nous sommes tous dominés par le présupposé en vertu duquel la plus grande partie de notre temps doit inéluctablement être occupée de *réunions.* Il y avait ce matin trente-quatre personnes qui, pour la plupart, venaient d'une autre réunion. Notre rencontre a duré une heure et demie. Réfléchissons à son coût, en tous les sens du terme. Imaginons ces mêmes personnes travaillant solitairement pendant ce temps. Je suis porté à penser que cela aurait été plus *productif*. Mais sais-tu que nombre d'entre nous, je parle globalement, ont perdu l'habitude, et jusqu'à l'idée, du travail solitaire. Mon ami, l'ancien député, qui était aussi maire et responsable dans son parti politique, me disait ne plus faire que cela : enchaîner des réunions. Il m'a parlé de l'un de ses collègues qui convoquait chaque semaine les collaborateurs de sa ville dans le train qui le menait à Paris, afin que les trois heures précieuses du voyage ne fussent pas perdues pour les réunions. Ses collaborateurs faisaient ainsi une réunion avec lui à l'aller et une autre sans lui au retour. Ça donne le tournis. Je repense à Mitterrand. Plus ça allait, plus il supprimait les réunions. Les dernières années, il n'y avait plus que les conseils de défense et les Conseils des ministres du mercredi, durant lesquels il lisait ses notes, le sourcil toujours aux aguets cependant, même durant l'exposé soporifique du ministre des Affaires étrangères, qu'on incitait à allonger son propos, c'est connu – ce qu'il faisait d'ailleurs volontiers –, lorsque l'ordre du jour était indigent. »

La sous-préfète à la ville était passionnée. Quoiqu'elle fît preuve d'une parfaite loyauté à l'égard des gouvernements successifs, elle était viscéralement de gauche. Elle voulait que les choses changent, bougent. Elle se désolait de l'inertie ambiante. Son parcours, déjà substantiel, dans la carrière n'avait en rien émoussé son enthousiasme. Elle avait confié au secrétaire général que, fondamentalement, elle ne concevait pas qu'on pût être un politique de droite. « Être de droite, je comprends ; beaucoup de gens ont été élevés comme cela ; ils pensent qu'il vaut toujours mieux que les choses restent ce qu'elles sont. Mais être un politique de droite, à quoi bon ? On peut l'être par opportunisme. Mais pourquoi user son énergie, appliquer son esprit, son intelligence à ce que les choses restent ce qu'elles sont ? » Le secrétaire général lui avait fait valoir qu'il y avait dans ces propos beaucoup de simplisme. Il lui avait cité plusieurs personnages de droite qui avaient été de vrais réformateurs (« C'est qu'ils étaient de gauche », pensa la sous-préfète) et lui avait fait un exposé argumenté sur le libéralisme. Celui-ci n'avait pas eu le moindre effet sur elle. La sous-préfète croyait aux bienfaits, à la nécessité même du marché. Elle avait navigué dans les cercles rocardiens et comptait quelques amis parmi les proches de Jacques Delors. Elle professait que le marché permettait mieux que n'importe quel appareil étatique ou supra-étatique d'effectuer les milliards d'équations qui ajustent l'offre à la demande. Elle ajoutait qu'on ne connaissait pas de société de liberté sans marché et que la liberté économique était sans doute consubstantielle à la liberté tout court. Mais elle précisait aussitôt que la proposition ne se retournait pas et que le marché pouvait très bien cohabiter avec les pouvoirs autoritaires et des dictatures. Nécessaire, il n'était pas suffisant. Et, quant à la *croyance* – elle insistait sur ce mot, elle qui n'avait pas de conviction religieuse, la *croyance* – selon laquelle l'état du marché à un moment donné, l'équilibre atteint par ce jeu à un instant déterminé, produisait spontanément le bien commun, la configuration optimale, l'état de choses le moins mauvais, donc le meilleur possible, cela lui paraissait être une plaisanterie. Elle insistait : pour nécessaire qu'il fût, le marché était *myope*. Il fallait inéluctablement une force publique, une volonté générale – une *politique*, quoi ! Le libéralisme lui paraissait d'ailleurs être antinomique de la politique elle-même. C'était une thèse qu'elle développait inlassablement. Si le *nec plus ultra* pour les politiques c'est de laisser l'équilibre prétendument *naturel* du marché fonctionner sans contrainte, à quoi bon la politique ? Nous voilà devenus des spectateurs, au mieux de pâles arbitres. Elle ne comprenait pas cette rage de certains politiques à dire qu'il fallait *moins de politique* et, dans un grand nombre de domaines, pas de politique du tout. Elle avait jugé comique qu'Alain Madelin acceptât jadis d'être ministre de l'Industrie. Quoi de plus antilibéral qu'un ministère de l'Industrie ? Si l'on est libéral, on ne pense pas que l'industrie se fait dans un ministère ! Dans le meilleur des cas, le ministre Madelin avait passé son temps à hâter l'heure de la disparition de son ministère ! Cela lui était paru indécent. La sous-préfète percevait le libéralisme intégral et dogmatique comme une insupportable démission.

Le directeur de cabinet passa une nouvelle fois la tête – c'était son habitude – dans l'embrasure de la porte. Le secrétaire général ne put s'empêcher d'esquisser un sourire. Né à droite, enraciné à droite, s'il comprenait *intellectuellement* qu'on pût être de gauche, le directeur de cabinet savait qu'il ne le serait jamais. Il croyait en l'État. Il était attaché à la sécurité publique, qui était la première des Libertés. Il faisait remarquer que cette idée était aujourd'hui communément partagée. Il défendait la justice sociale. Il pensait qu'il fallait produire avant de répartir. Il faisait observer que la gauche avait fini par accepter tout cela. Il lui en voulait d'autant plus pour ce qu'il appelait sa *morgue*. Il détestait cette prétention de trop de gens de gauche à se poser perpétuellement en donneurs de leçons, en dépositaires éternels du *bien*, du *bon* et du *beau*. Pour lui, c'étaient plutôt des receleurs qui géraient un fonds de commerce. Il professait que l'esprit d'entreprise, le sens de l'innovation et le goût du risque étaient, à l'évidence, mieux représentés à droite qu'à gauche ; que ce n'était pas un hasard ; que, si l'esprit de réforme était équitablement réparti, la gauche française était spontanément *conservatrice* ; qu'elle méconnaissait l'économie mondiale, qu'elle passait son temps à défendre des statuts, des habitudes, des droits acquis, des rituels. C'était une gauche professorale, magistrale – avec de très grands maîtres – mais figée et, surtout, hypocrite. À quelques exceptions près, il détestait les dirigeants de la gauche, qui étaient de grands ou de petits-bourgeois et qui défendaient âprement leur pré carré, idéologique et matériel, en prétendant perpétuellement qu'ils le faisaient au nom du peuple.

Lorsqu'il remarqua l'esquisse du sourire du secrétaire général, le directeur de cabinet y vit la confirmation de la complicité dont il savait qu'elle unissait ce dernier à la sous-préfète à la ville. Mais celle-ci le regarda simultanément d'une manière qui ne laissa pas de doute sur l'admiration qu'elle lui portait, bien qu'elle fût d'un bord diamétralement opposé au sien. Il était venu la prévenir que le préfet l'attendait. Ils s'éclipsèrent ensemble.

La demie de midi sonna. Le secrétaire général eut, derechef, une pensée pour l'ermite urbain qui tout à l'heure serait devant la porte du sanctuaire comme chaque jour en fin de matinée, et qu'il saluerait d'un geste, depuis sa voiture, en se rendant à son domicile. L'ermite urbain était, lui, un étonnant personnage. Profondément croyant, il était d'un grand scepticisme sur les sociétés humaines. Très cultivé, il connaissait bien les auteurs classiques. Il savait par cœur *Le Misanthrope* de Molière. Il avait expliqué au secrétaire général qu'il éprouvait un réel intérêt pour le personnage de Philinte, que beaucoup de lecteurs considéraient à tort comme un simple *faire-valoir*. Il lui avait cité plusieurs fois ce vers dit par Philinte s'adressant à Alceste :

« Le monde par vos soins ne se changera pas. »

Il expliquait que ce vers lui paraissait résumer une part de l'histoire humaine. De tous ceux qui pensent, implicitement ou non : « Vous avez beau dire. Vous avez beau faire. Vous ne changerez rien. Toute votre agitation sera stérile, vaine, présomptueuse. Rien ne changera. Les choses resteront ce qu'elles sont. »

Il ajoutait : une part seulement de l'histoire humaine. Il vaut mieux le savoir, être blindé ; mais je vous dis, moi, que c'est Alceste qui a raison lorsqu'il s'emploie pathétiquement, à changer le monde ; sans lui, tout tombe, tout disparaît ; dans l'ordre temporel évidemment ; mais, j'ajouterai, j'y tiens, dans l'ordre spirituel aussi. L'ermite urbain détestait ceux qui s'appuyaient sur l'Ecclésiaste pour vouer au néant toute action humaine. Il condamnait les critiques faciles à l'égard des responsables publics. Il leur reprochait d'abdiquer devant elles. Il pensait qu'il était de leur devoir d'« engueuler le peuple » : « Ne soyez pas là, bêtement, affirmait-il, à leur dire qu'ils ont éternellement raison, à les caresser dans le sens du poil, à ramper devant les moindres soubresauts et la moindre irritation cutanée de l'opinion. » C'était à la suite de ses conversations avec l'ermite urbain que le secrétaire général s'était forgé, on l'a vu, une théorie sur la religion de l'opinion, destructrice de l'acte politique. « Il est des sociétés, disait l'ermite urbain, qui sont mortes à force de se contempler. Elles ont sombré corps et âme. »

CHAPITRE 5

Le secrétaire général était seul dans son bureau. Il appela en vain la secrétaire qui était partie déjeuner. Il contempla, sur sa table, la liste de propositions pour diverses distinctions. Cela lui donna une idée loufoque : *Et si on créait un ordre national de la démocratie molle ?* Il imaginait déjà tous ceux qui pourraient à bon droit prétendre à cette distinction : des générations de sirupeux, de faiseurs de courbettes, d'habiles enjôleurs – mais aussi de bons serviteurs de l'État, de dignes fonctionnaires et d'honorables élus englués dans la gangue des réunions préalables, des concertations préjudicielles et des procédures dilatoires.

Avec son ami, l'ancien député, ils avaient souvent échangé leurs expériences sur les demandeurs de décoration. Ils étaient prêts à en faire une phénoménologie. C'était souvent un monsieur un peu gêné, un peu coincé, mais pas trop, qui entrait dans votre bureau et employait immanquablement l'imparfait, ce drôle d'imparfait qu'une grammaire appelle d'*atténuation* et une autre de *politesse* : « J'avais un service à vous demander. » Puis, soudain, le présent – « J'espère que je ne vous dérange pas » – appelant la dénégation d'usage. Et, après un silence, une phrase qui venait un peu brutalement, comme si l'impétrant avait du mal à la sortir de sa bouche : « Ce n'est pas pour moi… » ; « Ne croyez pas que… » Et encore : « Mais ma famille, mes collègues, mon association, vous voyez, ce que je représente, enfin, ce que nous représentons… justifieraient que je puisse recevoir… » Le personnage, d'abord mal à l'aise, prenait une assurance, un peu forcée, avant d'oser évoquer finalement, la gêne revenant, empourprant légèrement son visage, l'objet de sa venue. Il sollicitait la *Légion d'honneur* – plus rarement l'*ordre national du Mérite*. On lui répondait que, bien sûr, c'était tout à fait légitime (en se rejouant la scène, le secrétaire général eut une pensée pour Alceste et Philinte), mais que les délais, l'attente… Il ne *manquerait pas*, cependant, de saisir le ministre, le préfet ; il ne *manquerait pas* de lui faire connaître la réponse qu'il espérait positive ; il ne *manquerait pas*… On ne *manque jamais* de recevoir des réponses et de faire part des réponses dans ces métiers.

Le secrétaire général comme l'ancien député étaient très heureux d'avoir obtenu des distinctions pour certaines personnes qui avaient omis de les solliciter. D'autres demandes, qu'ils avaient transmises avec un moindre enthousiasme, les laissaient dubitatifs.

Éclatant de rire, bien qu'il fût seul cette fois, le secrétaire général imagina la remise de l'ordre national de la *Démocratie molle* et les discours sur les prétendues vertus des récipiendaires. Comme toujours, Arsinoé se planquerait dans les couloirs. Mais elle serait bien là, dans le cœur et l'esprit de chers collègues qui penseraient que c'était sans doute un peu trop, et qui applaudiraient mollement – ce serait le mot juste –, cependant que les petits-fours, les verres et les bouteilles attendraient sur les tables comme des objets dont la substance et l'existence même apparaîtraient bizarres dès lors que l'on ferait l'effort de les regarder d'un œil extérieur à la situation et de les dissocier de leur fonction qui susciterait soudain l'attention de tous, au moment précis où les applaudissements s'achèveraient, entraînant avec eux le son cristallin de l'une des fausses gouttes d'argent qui constituaient la partie inférieure du lustre du grand salon de la préfecture.

L'ancien député, justement, était annoncé. Le secrétaire général avait encore moins envie de le voir que lorsqu'il avait accepté sa visite au téléphone. Il ne pouvait plus se dérober, mais il savait qu'il ne devrait pas rentrer trop tard chez lui pour être dans son bureau avant la réunion de l'après-midi.

« Comment vas-tu ? Je voulais te voir – l'imparfait encore – ; j'espère ne pas te déranger – le présent –, je sais que ce n'est pas le jour, avec le départ du préfet. » L'ancien député éprouva un sentiment de réconfort dès les premiers instants de la rencontre avec son camarade. C'était une manière, assez puérile, se dit-il, de reprendre pied. Le secrétaire général ne lui avait jamais manqué, il ne l'avait jamais trahi. La vie politique est dispersée, décousue. Le temps y est coupé en morceaux. Il imaginait souvent un entomologiste qui suivrait un élu national et local du matin au soir – une journée, c'est-à-dire une éternité –, ou même une heure, et noterait tous les épisodes ; toutes les parenthèses, tous les enchevêtrements. Les rendez-vous et réunions, entrecoupés d'appels téléphoniques, eux-mêmes scindés par les appels des mobiles, le téléphone dans la voiture aussi, les visites, ici, là, les discours, les pots (on fait peu de choses en France sans boire un verre), et, pendant ces pots les vingt ou trente contacts avec celui-ci, celui-là, *on se rappellera, je te rappelle, c'est sûr, c'est promis.* L'entomologiste noterait peu à peu que, plongé dans ce *tourbillon* (il aimait le mot, et l'air immortalisé par la voix suave de la *chanteuse-actrice*), l'élu national et local avait de jour en jour et de mois en mois le sentiment toujours plus fort de son existence et de son importance, comme s'il se déployait, se démultipliait à mesure que les bribes de communication s'additionnaient. Quand il prenait des vacances, il lui fallait plusieurs jours, au moins, pour s'extraire de ce bourdonnement. Il ne pouvait plus vivre sans téléphone, sans messages et sans journaux. Les bribes étaient en lui. Il savait que le risque qui le guettait était de n'être plus fait que de bribes, un peu comme les héros d'Asturias étaient faits de maïs. Mais si, dans leur cas, le maïs était la fibre organique, le principe organisateur du corps et de l'esprit, les bribes avaient, dans son cas, une fonction désintégratrice. Elles l'atomisaient, le pulvérisaient de l'intérieur. L'hypertrophie de l'ego, si souvent observée chez les personnages politiques, était, pour une part, une réaction contre ce démembrement. Elle était aussi, pour une autre part, l'effet de solides convictions. Il fallait beaucoup de force d'âme pour ne pas se noyer dans les divertissements des temps modernes, pour rester soi-même, tracer un sillon, s'y tenir. Tracer un sillon, la métaphore faisait sourire l'ancien député. Il n'aimait pas son côté simplificateur. Il trouvait toujours que le débat était trop fruste. Il avait remarqué que certains s'étaient construit un personnage autour d'une seule idée, d'un unique projet, d'une quasi-caricature. Cela leur donnait une incontestable existence dans ce que les journaux appelaient le *paysage*. Lui aimait les nuances. Il ne pouvait plus entendre certaines déclarations sans éclater de rire. Il avait l'esprit dialectique, cherchait les synthèses, mettait au jour les contradictions, détestait les solutions clés en main. Il admirait les personnages politiques qui avaient su marquer les esprits, non par l'illusoire simplicité d'une idée, ni par l'éclat éphémère d'un positionnement ni par les ressorts sophistiqués de la propagande, appelée désormais *communication*, mais par la densité de leur être et de leur pensée. *Densité*, il aimait ce mot qui était le contraire de l'anéantissement par l'effet désintégrateur des bribes.

L'ancien député était venu parler à son ami de son parti. Il ne craignait pas que, sous le coup de la défaite, celui-ci fût exposé à des luttes intestines. Celles-ci lui paraissaient être dans la nature des choses. Il avait mille fois entendu les discours convenus selon lesquels on se battait pour des idées, qu'elles seules comptaient et que le reste – c'est-à-dire la chair, le sang, les humeurs, les passions, les ambitions – était un ensemble parasitaire et non pertinent qu'il fallait dépasser, ou dont on prétendait ne s'accommoder qu'à regret. Cette dichotomie était le comble de l'artifice. L'ancien député se disait d'ailleurs qu'en quelques décennies sa génération avait parcouru à cet égard bien du chemin. Dans les années 1960 et 1970, elle ne jurait que par le concept.

Le marxisme était l'*horizon indépassable*. Les *Appareils idéologiques d'État* étaient comme des pylônes lumineux qui balisaient le chemin. La *baisse tendancielle du taux de profit* berçait les participants aux stages de formation. Les rapports de force s'étalaient dans leur nudité. Ce qu'on appelle *politique* n'était qu'une mince pellicule, la forme avancée du discours petit-bourgeois dont la seule fonction était de donner l'illusion qu'il constituait un véritable enjeu. Cette génération, elle haïssait tout ce qui, de près ou de loin, était *radical-socialiste.*

Vingt ans après, le décor et la pièce avaient changé. François Mitterrand savait ce qu'était une élection cantonale et ce qu'était un chemin rural. Il n'avait cessé – il ne cesserait – de croire à la force des passions, des désirs, des humeurs, des ambitions. La psychologie reprenait ses droits. Mitterrand lui-même s'essayait bien à parler la dialectique marxiste. Il le faisait avec l'ardeur du néophyte. Mais, très vite, il fallait que cela prît une forme littéraire, s'inscrivît dans le flot d'une éloquence qui charriait les sensations avec les idées.

Il n'y avait plus aujourd'hui ni religion du concept ni romantisme. L'ancien député craignait que, dans son propre parti, la rhétorique eût repris le dessus ; et c'est ce qu'il était venu dire au secrétaire général : « La droite du parti, la gauche du parti : autant de figures, de postures, solidaires les unes des autres. » Il connaissait *trop* les choses. Il en avait trop vu, trop entendu. Il avait vu Mitterrand *prendre le parti à gauche*. Il avait vécu les dérives incantatoires. Il avait apprécié ceux qui prônaient le réalisme. Il ne croyait plus désormais qu'aux réformes, aux vraies, à celles qui changent la donne, qui font bouger les lignes, même si elles se traduisaient, sur le moment, et parfois pendant des mois, des années, par des haines tenaces. Il avait une grande sympathie pour celles et ceux qui, dans le gouvernement précédent, avaient tenu haut le drapeau de la réforme : il avait, à plusieurs reprises, ressenti, presque physiquement, une haine à leur encontre dans l'hémicycle. Il avait songé que rien de tel n'atteindrait Arlette Laguiller. Le discours rituel sur la révolution est plutôt rassurant. Il rappelle de vieux souvenirs. Il se veut radical, mais il est radicalement rassurant. Ce qui compte, ce qui change le monde, ce qui fait peur, ce qui bouscule les bien-pensances, c'est la *réforme menée jusqu'à son terme*. L'un de ses amis députés avait écrit là-dessus un livre pénétrant intitulé *Le Réformisme utopique*, qui n'avait pas trouvé d'éditeur.

Les minutes s'écoulaient. L'ancien député ne venait pas chercher de réponse. Il lui suffisait que le secrétaire général l'écoutât. Il passa insensiblement des problèmes de fond aux questions plus personnelles. Il se voyait mal reprendre son métier aux Impôts après cinq années passées à l'Assemblée nationale. Il avait une piste. Il espérait être détaché auprès de l'université voisine pour assurer des enseignements en droit et en fiscalité dans le cadre de la formation continue. Il sollicitait l'aide du secrétaire général qui pourrait intervenir auprès de l'un de ses proches, récemment nommé membre du cabinet du ministre délégué au Budget. Le secrétaire général ferait, bien sûr, cette démarche. Il avait été ravi de revoir son camarade. Et, si celui-ci avait besoin de lui, il ne fallait surtout pas qu'il hésite.

Le secrétaire général débitait ces dernières phrases avec des inflexions mécaniques auxquelles l'ancien député ne prêta pas attention, tant il était préoccupé par ses méditations et par son sort personnel. Le secrétaire général se fit la réflexion que les dialogues sont souvent des monologues. Chacun est dans sa bulle. Lorsqu'il marchait dans la rue, il se représentait parfois les êtres humains avançant comme des entités isolées les unes des autres, insusceptibles de partager, quoi qu'ils en disent, la boule de phantasmes qu'ils portaient en eux.

Leurs regards se rencontrèrent. L'ancien député avait un peu moins d'angoisse qu'au début de ce qu'il pensait être un entretien.

Il croisa, en redescendant l'escalier, la secrétaire qui venait d'achever son déjeuner. Elle avait, comme chaque jour, partagé son repas avec sa collègue. Et elle s'était demandé, durant presque toute la durée du déjeuner, si elle lui parlerait de l'étrange soliloque du secrétaire général dont elle avait été le témoin du début de la matinée. Elle ne pouvait s'empêcher de se remémorer cette scène. Sa collègue déclara qu'elle avait *l'air bizarre*, ce qui lui déplut. Que ce fût en raison de cette remarque ou, plus probablement, pour ne pas porter atteinte à l'image qu'elle se faisait, et qu'elle aimait qu'on se fît, de son patron, elle n'en dit pas un mot.

Le téléphone sonnait lorsqu'elle ouvrit la porte de son bureau. C'était l'administrateur civil. Elle interrogea le secrétaire général qui lui dit qu'il ne pouvait *décemment* (elle retint ce mot) pas le prendre vu qu'il était plus d'une heure. Elle fit la réponse requise à l'administrateur civil, avec cette courtoisie exacte, ni indifférente ni obséquieuse, qui caractérisait les agents expérimentés des préfectures.

Le secrétaire général rentrait chez lui. À peine les grilles de la préfecture franchies, sa voiture avait obliqué à hauteur du sanctuaire devant lequel l'ermite urbain contemplait la rue, lui adressant, à son passage, un imperceptible signe. Il songeait à l'administrateur civil. Celui-ci sévissait au ministère de l'Intérieur, plus précisément à la direction générale des collectivités locales. Ils s'étaient connus lorsqu'ils étaient l'un et l'autre de jeunes sous-préfets dans un département du nord de la

France. L'administrateur civil avait fait son chemin. Il était devenu le spécialiste incontesté de la dotation globale de fonctionnement. Cette dotation était, disait-il, un chef-d'œuvre à la française. Il était en train d'en faire l'histoire. Son livre n'intéresserait sans doute qu'un public très averti. Le secrétaire général pensait pourtant que ce livre serait aussi essentiel pour la compréhension de nos mœurs politico-administratives que le livre de Bernard Cerquiglini intitulé *L'Accent du souvenir* l'avait été pour la compréhension de notre rapport à la langue en général, et à l'orthographe en particulier. (Autant qu'à celle d'un roman policier, le secrétaire général s'était délecté à la lecture de cet ouvrage, entièrement consacré à l'histoire de l'accent circonflexe, jugé par les puristes, lorsqu'il fut introduit, comme une aberration incompatible avec le *génie* de notre langue, et dont les puristes d'aujourd'hui – les successeurs des premiers – jugeaient que la disparition dans les cas où il n'avait rien à faire ni phonétiquement ni étymologiquement était une insupportable atteinte au même *génie* de notre langue.) Au début, comme toujours, la dotation globale de fonctionnement partait d'un bon sentiment. Il fallait compenser les charges transférées par l'État aux communes et aux départements à l'occasion de la décentralisation. Et on eut l'excellente idée de calculer cette dotation de manière à prendre en compte les charges et les ressources des communes. On prit donc pour premier critère le nombre d'habitants de la commune. Comme, à nombre d'habitants égal, certaines communes sont riches et d'autres pauvres, on prit en compte aussi, c'était logique, le potentiel fiscal. Mais cet indicateur était insuffisant car, à *potentiel fiscal équivalent*, certaines communes prélèvent plus d'impôts que d'autres ; il était immoral de récompenser la paresse fiscale ; on intégra donc l'*effort fiscal* dans le calcul de la dotation. C'était encore logique. Certaines communes firent valoir qu'elles avaient beaucoup de logements sociaux, induisant des charges. D'autres, parfois les mêmes, qu'elles avaient beaucoup d'élèves à accueillir. On créa donc deux critères pour *améliorer* ladite dotation : le nombre de logements sociaux et le nombre de classes. Mais cela faisait la part trop belle à l'urbain. Les communes rurales firent valoir, à leur tour, qu'elles avaient beaucoup de kilomètres de voirie à entretenir, eu égard à leur population. Pour être toutefois parfaitement équitable, on jugea opportun de rapporter la longueur de la voirie à la superficie de la commune. C'était sans compter sur la vigilance des élus de la montagne qui *firent valoir*, eux, que la construction comme l'équipement des voiries étaient plus coûteux lorsque le terrain était pentu que dans les pays plats. Leur souci fut naturellement *pris en compte*, autre vocable récurrent : on décida donc qu'un kilomètre de route de montagne *compterait* autant que deux kilomètres de route de plaine. Il fallut, évidemment, prévoir dans la même dotation un dispositif spécifique pour les communes des départements et territoires d'outre-mer. Et, comme le lobby des communes touristiques méritait d'être entendu au même titre que tous les autres, on décida de *prendre également en compte* dans le calcul de la dotation l'effort touristique sous la forme d'une sous-dotation qui était fonction de la superficie des parkings que l'on construisait, si bien que le maire qui multipliait les parkings en bord de mer bénéficiait d'une dotation d'un montant supérieur à celui qui aménageait des chemins pédestres. Cette incongruité, loin d'être corrigée, entraîna derechef la création d'une seconde sous-dotation touristique. Et ainsi de suite. À cette époque-là (c'est-à-dire, avant la « réforme »), l'administrateur civil était l'une des cinq personnes en France susceptibles d'énumérer les soixante-dix critères *pris en compte* pour le calcul de la dotation, *toujours pour de bonnes raisons*, d'exposer comment ces critères s'imbriquaient les uns dans les autres et de conclure son exposé en disant rituellement : « Tout est pris en compte, sauf l'âge du capitaine. »

Tout était effectivement pris en compte. Mais, à force de prises en compte, le dispositif – que seuls les ordinateurs de la direction générale des collectivités locales et des finances pouvaient gérer – était devenu *illisible*. Tous les critères s'étaient tués les uns les autres. Les dotations étaient devenues aléatoires. Nul ne pouvait affirmer que le système était *redistributif*, alors que cet effet avait été constamment recherché.

D'où la « réforme » : on décida un beau jour que cela ne pouvait continuer ainsi. On créa des dotations dites de péréquation en plus de la précédente qu'on décida purement et simplement de *geler*, qu'on appela *forfaitaire* et qui se tailla, et se taille toujours, la part du lion dans le dispositif. Résultat : près de dix ans après la « réforme », les soixante-dix critères continuent à produire leur effet, mais de la pire manière qui soit, puisqu'on a tout *gelé, cristallisé*, au moment de la prétendue « réforme », et qu'on s'est ainsi privé de la possibilité de prendre en compte les évolutions.

Et, depuis « la réforme », chaque ministre annonce une réforme de la dotation globale de fonctionnement, en prenant bien le soin de préciser qu'une telle réforme n'est concevable *que si les communes continuent de percevoir au moins la même dotation forfaitaire que l'année précédente.*

C'est-à-dire qu'il annonce imperturbablement la *non-réforme.* Car comment rendre le système plus équitable pour les communes dont les charges sont les plus lourdes et les moyens les plus faibles tout en garantissant pour les autres le *statu quo* ? L'administrateur civil avait souvent parlé au secrétaire général de cette saga, qu'il jugeait emblématique.

Le secrétaire général, qui se remémorait tout cela, se dit qu'il faudrait qu'il rappelle son ancien collègue quand il aurait un peu de temps. Il se dit aussi que le ministre qui réformerait *vraiment* la dotation générale de fonctionnement serait un héros, un héros très probablement méconnu car ces choses sont arides, rarement évoquées au *vingt heures* – mais la voiture entrait dans le jardin de sa résidence de fonction où son amie l'attendait.

CHAPITRE 6

Le secrétaire général aimait, quand il le pouvait, rentrer chez lui le midi. C'était rare.

La veille, le préfet avait réuni les membres du corps préfectoral en poste dans le département pour un dernier déjeuner avant son départ. Chacun avait cru qu'il délivrerait quelque testament. Il n'en fit rien.

Avec une exquise bienveillance, il s'était enquis de la situation et des projets de chacune et de chacun avant qu'on lui offrît, après le dessert, un cadeau qu'il accepta avec quelque confusion. Les membres du corps étaient plus détendus que de coutume. Bien que chacun s'en défendît, il y avait une discrète concurrence entre les uns et les autres. Chacun jugeait des progrès que faisaient hypothétiquement les camarades dans le jugement du patron, qui était unanimement respecté. Ces conjonctures étaient d'autant plus vaines que le patron était très secret. Peut-être aussi n'était-ce pas, au stade où il en était, *son problème.* Ce ne l'était assurément pas en ce jour, si bien qu'il y avait comme une trêve autour de la table.

Chacun savait que, dès le surlendemain, avec l'arrivée du successeur, les cartes seraient redistribuées. Elles l'étaient déjà depuis que l'on avait lu avec soin le *Bulletin quotidien* et que les uns et les autres pressentaient qu'ils n'étaient pas tous situés de la même façon par rapport à lui. Mais cela n'enlèverait rien, pour personne, à l'importance, même relative, des actes les plus anodins qui seraient accomplis et des signes les plus ténus qui seraient émis, dès lors qu'*il* serait là. C'était donc un déjeuner de trêve. L'air était léger. On parla de littérature. Le secrétaire général parla de la transcription des cours et séminaires de Roland Barthes, dont il avait eu le bonheur de lire les épreuves. La sous-préfète exposa son dégoût pour les romans contemporains qui se complaisaient dans la description d'épisodes intimes sans grand intérêt et qui témoignaient d'une société qui se repliait sur elle-même. Le directeur de cabinet afficha son total accord avec sa collègue : c'était bien le symptôme d'une absence de perspective, et plus encore de *souffle*. Il avait lu avec passion le livre de l'ancien secrétaire général de l'Élysée qui, avant d'embrasser un autre destin, avait su retrouver les accents de Chateaubriand. Un sous-préfet territorial se permit de trouver le débat quelque peu convenu. Il prit de la hauteur, rappela qu'il n'y avait pas de petit sujet, qu'on ne faisait pas de bonne littérature avec de bons sentiments, et qu'il savait apprécier à la fois les descriptions légèrement distanciées des vicissitudes quotidiennes et les élans du romantisme. Un autre sous-préfet territorial osa lui répondre (ils ne s'aimaient pas) que, pour le coup, il parlait comme un sous-préfet et que cette manie de vouloir perpétuellement concilier la chèvre et le chou était symptomatique d'un état d'esprit qui finissait par être agaçant. Le préfet, qui avait perçu que le débat risquait de perdre de sa sérénité, détourna la conversation. On le questionna sur ses futures activités humanitaires. Il répondit en termes très généraux, mais avec, dans l'éclat, pourtant retenu, de la voix, des inflexions qui forçaient l'admiration. Il y eut un silence. Non pas un silence gêné, mais un silence apaisé, comme si chacun goûtait un moment fugitif de bonheur avant l'inéluctable retour des hostilités. Le secrétaire général aimait le silence. Il avait autrefois acquis un livre, de forme carrée, intitulé *Éloge du silence* qui avait la particularité de ne compter que des pages blanches. Il l'ouvrait parfois, tournait les pages, les contemplait. Certains, se disait-il, pensent que le silence n'est rien, qu'il n'est qu'une vacuité, un non-être. Ceux-là n'ont jamais écouté le silence qui s'installe soudain, dans de nombreuses circonstances. Il y a des milliers de sortes de silence. Aucun silence n'est semblable à un autre. La civilisation du bruit nous déshabitue du silence. La ronde des réunions (il revenait à son idée), des téléphones et des *mobiles*, la masse énorme et proliférante des *paroles* sans conséquence obstruaient en permanence le champ du silence. Et encore se sentit-il en faute d'avoir usé du mot *paroles* pour qualifier cela. C'était un babillage permanent. Le préfet, lui, ne parlait pas pour ne rien dire. Ou il disait juste ce qu'il fallait pour préserver la nécessaire sociabilité.

Au moment où il se mit à table, face à son amie, le secrétaire général pensa, quoiqu'il en doutât, que le préfet dispenserait son testament lors de l'ultime rencontre qu'il aurait le soir avec ses proches collaborateurs. Son amie le regardait. Il y eut un silence, qu'il aima. Il ne tenait pas à « raconter sa matinée » pour répondre à sa question rituelle. Elle le comprit. Elle lui raconta la sienne. Elle avait poursuivi ses recherches sur le structuralisme. Bien qu'elle fût en total désaccord avec ses positions idéologiques passées et récentes, elle avait lu le dernier livre de Jean-Claude Milner. Le structuralisme avait été l'une des aventures intellectuelles les plus fécondes du XXe siècle, qui avait profondément marqué l'ensemble des sciences dites humaines et sociales. Elle travaillait sur ce qu'elle appelait un *creux*, une absence, un *élément vide* du système. Elle avait constaté qu'en France, par opposition à ce qu'elle avait pu observer dans nombre de pays étrangers (les sources étaient multiples), on n'avait que fort peu appliqué les méthodes d'analyse structurale aux faits politiques. Il y avait, certes, quelques livres, des articles, qui ne manquaient pas d'intérêt et qu'elle avait soigneusement recensés. Mais cela n'avait rien à voir avec les références dont elle disposait en anglais et en allemand, sans compter les autres langues.

Le secrétaire général songea au repas de la veille. C'était une *structure* – un système organisé soumis à des règles et, dans une certaine mesure, prédictible. Il s'en ouvrit à son amie et lui décrivit la scène. Mais elle ne fut pas convaincue.

Elle songeait plutôt à des formes institutionnelles. Elle se fit docte. Elle cita le grand linguiste Hjelmslev qui avait défini la « structure » comme une « entité autonome de dépendances internes ». Une structure, expliqua-t-elle, a son unité, son identité, son autonomie, elle est un ensemble clos. Mais, *à l'intérieur de la structure*, chaque élément est dépendant de tous les autres : il n'existe, il ne se définit que dans son rapport aux autres. Si on supprime un élément, tout le système change, car les autres éléments se réorganisent différemment, les rapports qu'ils entretiennent les uns avec les autres se modifient nécessairement, et le système trouve un nouveau point d'équilibre.

Il se demandait où elle voulait en venir. Il avait faim. Et la personne employée par la préfecture qui leur était affectée tardait à servir. Elle le fit pourtant très opportunément au moment où l'amie du secrétaire général enchaîna. Elle expliqua que Ferdinand de Saussure avait évoqué à ce sujet le jeu d'échecs, structure close, à l'intérieur de laquelle la position de chaque pièce et ses possibilités de déplacement sont, à chaque étape du jeu, déterminées par la position de toutes les autres pièces. Ce n'est pas par hasard, dit-elle – le secrétaire général la voyait venir –, qu'on parle de l'*échiquier politique*. Elle prit l'exemple de l'Assemblée nationale. Elle aurait pu prendre celui du Sénat, ou de toutes les assemblées, mais également élargir l'analyse à ce qu'on appelle la classe politique et à l'ensemble du champ du débat public. Beaucoup d'hommes – et de femmes – politiques, expliqua-t-elle, croient qu'ils agissent, qu'ils exercent une influence, qu'ils changent les choses parce qu'ils occupent une place sur l'échiquier. Mais ils n'ont pas conscience que, ce faisant, ils contribuent d'abord à ce que le système fonctionne. Une certaine gauche conforte une certaine droite, et inversement. On peut très bien, en faisant honnêtement, consciencieusement son travail se borner à conforter le système. Où va le système ? Quelle est la résultante de tout cela ? Qu'est-ce que cela induit, produit ou reproduit ? Voilà les vraies questions, les seules qui vaillent. Elle déplorait ce qu'elle croyait être l'inculture ou l'indifférence de la classe politique à l'égard des analyses structurales, ou systémiques, comme on disait maintenant, bien que les deux méthodes fussent sensiblement différentes.

Elle parla de Noam Chomsky cependant qu'ils partageaient le plat principal. Elle s'étonnait du destin singulier de cet homme qui, le premier, avait montré dans sa discipline les limites du structuralisme, avait inventé des grammaires très puissantes, toujours fécondes, et avait néanmoins laissé ses modèles successifs se dissoudre peu à peu dans une logique et une sémantique générales. Il était du nombre des *radicaux* américains parfois lucides, parfois systématiques. L'habitude du formalisme l'avait, pensait-elle, conduit à commettre une faute qu'elle ne pouvait pardonner quand il avait accepté de préfacer un livre du révisionniste Faurisson *sans l'avoir lu*, et en revendiquant de ne l'avoir pas lu, au nom de la liberté d'expression qui ne devait avoir, pour lui, aucune limite.

Chomsky distinguait deux sortes de règles : les règles qui sont dans le système, qui lui permettent de fonctionner, et celles qui changent le système. Cette distinction lui paraissait très opératoire au *plan épistémologique* (disait-elle, mais elle aurait pu ne pas le dire). J'aimerais, déclara-t-elle, qu'on évaluât toutes les actions, toutes les initiatives mises en œuvre au sein de la sphère politique à cette aune : contribuent-elles au changement du système en place ou le confortent-elles dans sa pente naturelle même si elles sont antagonistes d'autres initiatives, d'autres actions, ou d'autres positions exprimées sur *l'échiquier* ?

Le secrétaire général songea à sa conversation avec l'ancien député. Il pensa à ce qu'on appelait *réforme*. Il est des réformes qui n'en sont pas, qui ne méritent pas ce nom, celles qui, en dépit des apparences, confortent l'ordre existant, avec ses injustices et ses perversités. La vraie réforme, c'est celle qui fait bouger les lignes, change la structure, la brise, en crée une autre. Dans la *sphère* où il était présentement avec son amie, il voyait bien qu'il n'échapperait pas, et elle non plus, à la *structure*, pas plus qu'il n'aurait pu naguère, dans sa jeunesse althussérienne, s'imaginer être à l'*extérieur* de l'idéologie, sauf à être victime de la plus diabolique des illusions qu'elle suscitait.

Il s'était toujours insurgé contre le déterminisme absolu que ces thèses lui paraissaient induire. Mais il n'était ni dupe ni naïf. Les structures foisonnent. Elles changent. Leurs changements sont aussi régis par d'autres structures, constituant de nouvelles structures, jusqu'au vertige. Mais, une fois la naïveté rangée au « *magasin des accessoires* », une fois la vigilance bien en place, comme une lampe au plafond qui, se balançant, balaie la longueur de la pièce d'un trait de lumière, il devait y avoir une place, une grande place, pour une vraie philosophie de la réforme.

Ils achevèrent le repas en silence. Elle, parce qu'elle avait conscience de s'être montrée beaucoup trop professorale. Lui, parce qu'il vivait intérieurement une épiphanie de la réforme radicale, celle qui fait bouger les lignes, et qu'il en était retourné.

Ils eurent un long moment de tendresse.

CHAPITRE 7

Il était quatorze heures dix lorsque la voiture du secrétaire général passa devant la chapelle romane. Sur le seuil de la porte, l'ermite urbain faisait de grands signes. Le secrétaire général demanda au chauffeur de s'arrêter.

L'ermite urbain venait de constater un vol dans le sanctuaire. Un exemplaire d'une bible enluminée datant du Moyen Âge avait été dérobé dans une pièce attenante à la chapelle. Ce vol étonna le secrétaire général. Ce type d'objet ne faisait pas partie des proies habituellement recherchées par les bandes de malfrats qui s'en prenaient aux bijouteries et aux distributeurs d'argent avec des voitures-béliers, qui terrorisaient les employés des bureaux de poste ou des banques par des braquages, et, s'il avait eu affaire, dans sa carrière, à des voleurs de tableaux dans les musées ou encore de ciboires dans les églises, c'était la première fois qu'il était confronté au vol d'un livre sacré. Il en était accablé. Il savait que cette bible était invendable. Connue comme elle l'était dans le petit milieu des historiens et des biblistes, elle serait aussitôt reconnue par ceux à qui on chercherait à la vendre. Ou alors c'était un acte gratuit, purement gratuit, comme on en voit trop, martela l'ermite.

« Hommes de peu de foi, dit-il, à haute et intelligible voix devant le secrétaire général, vous vous êtes détournés du Livre ! Lorsqu'il était présent dans l'église, vous l'ignoriez ! Vous ne lui jetiez pas un regard ! Mais sa présence matérielle importe peu ! Lorsque vous serez morts, pétrifiés et inconnus des enfants de vos petits-enfants, de toute votre descendance et de la descendance de votre descendance, le souvenir du Livre imbibera encore chaque pierre de ce temple, l'Esprit continuera de souffler sous les voûtes, et la Parole s'immiscera dans tous les interstices du temple ! »

Le secrétaire général eut, lui, quelque difficulté à s'immiscer dans ce discours qui était prononcé avec tant de force qu'il l'impressionna. Il dit à l'ermite urbain qu'il fallait qu'il porte plainte puis, se ravisant, il lui indiqua qu'il verrait immédiatement le commissaire principal, directeur de la sécurité publique, et qu'il lui demanderait de passer lui-même le voir dans l'après-midi.

Puis il rejoignit la préfecture, monta à son bureau, vit la secrétaire qui lui indiqua que l'administrateur civil avait rappelé et, tout retourné par le discours de l'ermite, descendit quatre à quatre l'escalier. Il arriva devant la porte de la salle de réunion juste à temps pour y accueillir le préfet. Ç'aurait été un comble, pensa-t-il en s'épongeant le front, de ne pas être à l'heure en ce dernier jour de fonction du préfet, qui était toujours ponctuel.

La salle était pleine. On y reconnaissait de nombreux élus locaux, le procureur de la République, le commissaire central, directeur de la sécurité publique, le commandant de la gendarmerie, les directeurs des services de l'État, des fonctionnaires de la préfecture. Ils constituaient le comité de suivi du contrat local de sécurité. C'était la dernière réunion de cette instance en l'état puisqu'on a vu qu'une nouvelle loi avait créé les comités locaux de sécurité qui seraient, eux, présidés par les maires. Expliquant cela, à titre introductif, le préfet jugea, en son for intérieur, qu'il était inacceptable que le représentant de l'État ne présidât pas lui-même cette instance alors qu'il s'agissait de l'une des compétences régaliennes dudit État, et il pensa (ce qui fit apparaître sur son visage un très léger sourire) que son successeur n'y siégerait sûrement pas ; comme lui-même n'y aurait pas siégé, mais y déléguerait le directeur de cabinet, voire la stagiaire de l'École nationale d'administration. Il y aurait, de toute façon, un conseil départemental de sécurité, présidé par le préfet, qui ne se substituerait pas pour autant au comité départemental de prévention de la délinquance, qui poursuivrait ses travaux. *C'est toujours plus simple*, se dit-il (avec un nouveau très léger sourire). Le préfet exposa scrupuleusement les dispositions contenues dans la loi d'orientation sur la sécurité intérieure et dans son annexe. Il fit aussi allusion à la nouvelle loi d'orientation sur la justice.

Les élus l'écoutaient avec une grande attention. Comme l'avait anticipé le secrétaire général, et contrairement aux craintes du directeur général, les élus avaient d'autant moins l'intention de mettre le préfet en difficulté que c'était, on le sait, un jour important pour lui et que le discours qu'il tenait répondait à l'attente de la majorité d'entre eux.

Après que le préfet eut donné la parole aux représentants de la police et de la gendarmerie qui informèrent les participants des chiffres de la délinquance au cours des derniers mois, chiffres dont chacun avait pu prendre connaissance le matin même en lisant la presse régionale, il ouvrit le débat.

Le premier magistrat d'une commune périurbaine se réjouit des nouveaux pouvoirs qui étaient conférés aux maires en matière de prévention par l'annexe au projet de loi. Il fit observer que les lois précédentes, qui restaient en vigueur, confiaient aux départements la pleine et entière compétence en matière de prévention. Il demanda fort logiquement comment cela allait se passer concrètement.

Le préfet avait vu la faille, sur laquelle plusieurs parlementaires avaient déjà mis l'accent. Son métier fit merveille. Il répondit qu'évidemment les uns et les autres travailleraient en *concertation* étroite. Le département *ne manquerait pas* d'être associé aux travaux du comité local, présidé par le maire. Quant au comité départemental, on voyait mal qu'il pût fonctionner sans associer étroitement les communes à ses réflexions. Le président du conseil général, qui était présent, renchérit. Son attitude avait changé avec la majorité nationale, et il se targuait de *n'être pas pour rien* dans la nomination du nouveau préfet, qui arriverait le lendemain. Puisque ces sujets le dépassaient, il feignait de les avoir organisés avec une assurance visiblement forcée. Le maire de la commune périurbaine ne reprit pas la parole. Il pensa que ce serait *comme avant*. Il aurait toujours autant de mal à convaincre les conseillers généraux, élus majoritairement par les cantons ruraux, de l'importance de la prévention spécialisée dans les quartiers difficiles des banlieues.

Plusieurs maires expliquèrent qu'ils avaient scrupuleusement mis en œuvre les objectifs inscrits dans le contrat local de sécurité qui relevaient de leur autorité. Ils questionnèrent le représentant de l'État sur les effectifs de la police nationale et de la gendarmerie sur lesquels leurs concitoyens pourraient compter. Se faisant plus pressants, ils demandèrent des précisions relatives aux postes créés, aux postes pourvus et au nombre exact de fonctionnaires effectivement disponibles pour intervenir durant la nuit, dans l'agglomération (qui comptait deux cent cinquante mille habitants), au mois d'août. Un élu dit qu'il ne souhaitait plus les voir patrouiller à dix heures du matin, *quand il ne se passait rien*, mais qu'il aimerait qu'ils fussent nombreux à être *présents sur le terrain* la nuit puisqu'un acte délictueux sur deux et un crime sur deux (ses chiffres étaient-ils exacts ?) avaient lieu pendant la nuit.

Le préfet évita la langue de bois. Il nota en particulier (c'était le nouveau discours ministériel) que la politique de *police dite de proximité*, pour utile et bienfaisante qu'elle fût, *consommait* – c'était le terme en usage – beaucoup de fonctionnaires au détriment de la *véritable sécurité publique*, ou de ce qu'on appelait ainsi, et qui, pensèrent plusieurs élus, devait être d'une *essence* différente de la ci-devant *police de proximité*. Il dit qu'une réflexion était engagée à ce sujet. Il fit comprendre subtilement, sans le dire explicitement, que la réflexion conduirait sans doute à une implication plus forte des polices municipales dans la *proximité*, ce qui permettrait aux fonctionnaires de la police nationale de mieux se concentrer sur leurs missions. Cela aurait forcément des conséquences pour la nuit. En matière de postes budgétaires, la loi de programmation était très claire. Il fallait toutefois attendre sa traduction dans les différentes lois de finances pour en mesurer tous les effets sur le terrain. Le gouvernement mettait, en outre, beaucoup d'espoirs dans le redéploiement des personnels des compagnies républicaines de sécurité et de la gendarmerie mobile. Ces formations avaient été conçues en des périodes où les nécessités du *maintien de l'ordre* étaient différentes de ce qu'elles sont aujourd'hui. Ce projet, engagé par le gouvernement précédent, serait mené à son terme. Enfin, le préfet pouvait annoncer que le ministère de l'Intérieur venait de l'informer que l'effectif de référence (concept sur lequel il ne s'appesantit pas) des policiers nationaux dans l'agglomération serait augmenté de dix *unités* à la fin de l'année civile.

Les élus prenaient acte. À vrai dire, les élus de droite se sentaient mieux parce que, disaient-ils, l'état d'esprit avait changé. Les élus de gauche n'en croyaient rien. Ils pensaient que les dix arrivées seraient, comme de coutume, compensées par dix départs ou mutations vers des territoires où avait été instaurée une prime de fidélité. Il y eut un débat sur la délinquance des mineurs. La majorité soutint les mesures qui avaient été prises. Des élus de gauche firent remarquer que, quand bien même on mettrait en *centre fermé* cinq jeunes par quartier difficile (c'était bien au-delà des capacités d'accueil prévues), il en resterait des centaines d'autres qui seraient là, au pied de leurs tours et de leurs barres, dès seize heures trente jusqu'à tard le soir, sans compter les jours de vacances, et sans parler de ceux qui, entre le temps du collège et celui de l'hypothétique emploi, étaient en rade, et que, même si le phantasme de l'*enfermement* donnait l'illusion d'une réponse, la vraie réponse consisterait à prendre en charge tous ces jeunes, à leur proposer du *positif*, à développer le temps scolaire, les études encadrées par des enseignants ou des étudiants afin de les aider à faire leurs devoirs, à responsabiliser les parents. C'était un immense chantier pour lequel les ouvriers étaient peu nombreux. On en revint aux débats du matin. Le préfet écouta jusqu'à la fin les remarques de chacun avec beaucoup d'attention.

Et, peu à peu, le débat se focalisa sur les prostituées étrangères, les mendiants roumains et les gens du voyage. Le secrétaire général se fit la réflexion que tous les débats sur la sécurité finissaient par la désignation de boucs émissaires. C'était une constante. Comme il était difficile de regarder en face nos propres déficiences et d'y chercher des remèdes durables, on déplaçait le débat. Ces *pelés*, ces *galeux*, comme eût écrit Jean de La Fontaine, venaient désormais de l'Est.

Le secrétaire général voyait défiler dans sa tête le triple cortège des réprouvés. Il imaginait, au premier rang, une prostituée bulgare donnant la main à un adolescent roumain qui lui-même serrait près de lui une petite voyageuse. On aurait pu ajouter un jeune des cités pour que l'équipage fût complet. Bien qu'il sût que les choses étaient complexes et qu'il refusât par principe toute démagogie, le secrétaire général ne put s'empêcher d'éprouver un sentiment de honte lorsque l'idée même de cette nouvelle marche des bannis lui traversa l'esprit.

Certains maires avaient décidé de prendre des arrêtés pour bouter hors de chez eux ces étrangers d'*où venait tout le mal.* Le résultat était que les mendiants mendiaient dans la rue voisine et que les prostituées attendaient leurs clients cent cinquante mètres plus loin. Hypocrisie ! Cachez ces gens que nous ne *saurions voir* ! Le préfet refusa, sur ces sujets, toute facilité. Il s'éleva en particulier contre ceux qui mettaient tous les gens du voyage *dans le même sac.*

La réunion touchait à son terme. Le plus ancien des maires exprima au préfet sa gratitude et celle de ses collègues pour son action. Il fut applaudi.

Le secrétaire général profita des conversations qui marquaient la fin de la réunion pour demander au commissaire de police de passer voir l'ermite urbain. Puis il regagna son bureau. Et là, il fit une découverte qui le stupéfia. La Bible enluminée était posée en évidence sur son bureau, ouverte à la page de l'Ecclésiaste : « *Tout est vanité.* »

Le secrétaire général blêmit. Que s'était-il passé ? Qui avait introduit le précieux livre dans son bureau ? Il fit venir la secrétaire. Elle n'avait rien vu, rien entendu. Il imagina un instant qu'elle pût être coupable de cet acte pour le moins inattendu. Elle le perçut et en fut blessée. Il se souvint qu'elle était revenue de son déjeuner avant qu'il ne parût. Il la disculpa, à haute voix, ce qui la rassura. Depuis son retour elle était restée dans son bureau. Elle ne pouvait pas affirmer que personne ne s'était introduit dans le bureau du secrétaire général. Mais elle avait l'oreille fine. Entre les deux bureaux, la cloison n'était pas épaisse. Elle connaissait les lieux depuis longtemps. Elle se reprit : elle s'était absentée un petit quart d'heure pour aller chercher des courriers et des dossiers chez le directeur des collectivités locales, à l'autre extrémité du couloir. Mais elle n'avait rien remarqué d'anormal.

Le secrétaire général suffoquait. Il eut des quantités d'idées les plus folles les unes que les autres. L'ancien député ? La sous-préfète ? Le directeur de cabinet ? Cette dernière hypothèse lui parut la plus invraisemblable de toutes, tant une telle action cadrait mal avec le personnage. Il conçut une hypothèse encore plus étonnante. *Et si c'était lui-même qui avait pris le livre ?* Depuis le début de la matinée il avait le sentiment de vivre dans un état second, de n'être pas *dans son assiette*. Il avait parlé tout seul dans son bureau. Il s'était senti des vertiges, des palpitations. Son front était continuellement moite. Et ce midi, était-il *vraiment* rentré chez lui ? Il ne se souvenait plus du repas, ni du menu, ni de l'entrée, ni du plat principal, ni du dessert. Et il lui paraissait de plus en plus invraisemblable que son amie ait pu débiter devant lui un cours de première année sur le structuralisme. Cela n'avait pas de sens.

Pendant ce temps, le commissaire visitait les lieux avec l'ermite urbain, qui le gratifia d'une oraison.

CHAPITRE 8

Le secrétaire général pensa que l'ordre des choses voulait qu'il prévînt immédiatement le préfet de ce qui venait d'arriver. Après quelque hésitation, il résolut pourtant de ne pas le faire. Le secrétaire général voulait, en effet, épargner au préfet un tourment inutile au moment où il s'apprêtait à quitter la carrière préfectorale. Cette décision ne cessa, pourtant, de le tourmenter. Car, même si le successeur, auquel il s'ouvrirait de l'événement, serait évidemment mieux à même d'en tirer toutes les conséquences, il n'en demeurait pas moins que le préfet exercerait une totale et pleine responsabilité jusqu'à la minute de son départ. L'événement était grave. Car celui ou ceux qui avaient réussi à transporter le précieux livre jusqu'au cœur même de la préfecture, en déjouant le dispositif de sécurité et en s'appuyant sans doute sur des complicités insoupçonnées, auraient pu tout aussi bien introduire dans le même lieu une arme ou une bombe.

Le secrétaire général choisit cependant de minimiser, sur le moment, l'événement qu'il qualifia d'*incident*.

Après tout, se dit-il, il n'y a pas mort d'homme. Et il s'empressa d'aller restituer à l'ermite urbain le précieux ouvrage. Il l'enveloppa, descendit l'escalier. Il regarda fixement le policier qui actionnait les grilles et assurait la surveillance des allées et venues. Il eut le sentiment qu'il était susceptible d'être suspect. Mais il pensa simultanément qu'il fallait qu'il se défiât de lui-même : il connaissait le mécanisme paranoïaque qui consistait à transformer tout être humain en suspect.

Lorsqu'il arriva devant le porche de la chapelle romane, il fut pris de tremblements. Cela lui ressemblait peu. Il entra et tomba sur l'ermite urbain qui venait de quitter le commissaire central. Il lui remit la Bible enluminée. Il s'attendait à ce que l'ermite lui témoignât une grande satisfaction. Ce ne fut pas vraiment le cas. L'ermite fit, certes, mine de se réjouir. Il rendit grâce à Dieu. Mais le secrétaire général perçut dans son regard comme une infinitésimale connivence, un *air entendu* à peine perceptible, et dont tout autre que lui ne se serait sans doute pas aperçu.

Il rentra. Son *rendez-vous* l'attendait en haut de l'escalier. C'est ainsi que parlaient la secrétaire et nombre de secrétaires : « *Votre rendez-vous est arrivé.* » Il ruminait toujours ses pensées, ses suspicions et ses remords. Il les suspendit en entendant ce mot : *rendez-vous*. « *Drôle de métonymie* », se dit-il. Cette figure de rhétorique qu'il affectionnait permettait d'énoncer la partie pour le tout, le contenant pour le contenu, l'effet pour la cause. Mais là, qu'était-ce : l'objet pour le sujet ? La scène pour l'acteur ? La circonstance pour le personnage ?

Le *rendez-vous*, en l'occurrence, c'était la directrice de l'antenne universitaire d'un département voisin. En vingt ans, la France s'était couverte d'*antennes universitaires*. Sous la IIIe République, les parlementaires se battaient pour la création de bureaux de tabac dans leur circonscription. Désormais, le combat était plus noble : chaque parlementaire, chaque élu local intriguait pour faire venir chez lui un morceau d'université. Nombre de villes moyennes se targuaient de leur Institut universitaire de technologie ou de leur *premier cycle* dans telle ou telle discipline. Chacun vantait l'intérêt qu'il y avait à rapprocher l'université du sacro-saint *terrain*. Des études avaient montré que les antennes universitaires contribuaient à démocratiser l'accès à l'enseignement supérieur. C'était donc, globalement, une bonne chose. Le mouvement avait, toutefois, ses limites. On n'avait pas suffisamment mesuré, ici ou là, les risques de la balkanisation de l'université, de son éclatement en centaines de morceaux. Certains étudiants rongeaient leur frein, au sein de mornes antennes, qui n'accueillaient que des enseignements de premier cycle dans un nombre limité de disciplines. Le secrétaire général s'était posé une question qui eût été considérée comme iconoclaste par le petit monde des élus locaux : « Ne serait-il pas préférable de leur payer le train, afin qu'ils se rendent à l'université voisine proche de cinquante kilomètres et puissent bénéficier d'une vraie vie universitaire ? »

(Il évitait, même en pensée, de se référer à l'expression *environnement universitaire* qui emplissait les circulaires et qu'il jugeait éculée.) Il se faisait de l'université une idée festive ; il l'imaginait comme un immense paquebot dans un film de Federico Fellini – *Amarcord* –, gorgé de hublots, de salles des machines et de passerelles, encombré de laboratoires et de bibliothèques où la Science se déversait à foison sur chaque pont. C'était un navire amiral, une arche de Noé, un vaisseau rabelaisien, au bâtiment hérissé de mâtures et scintillant des feux de l'esprit. Il se souvenait d'heures mirifiques où, assommé de travail, ivre de littérature, il façonnait les mondes futurs. Il éprouvait déjà les angoisses existentielles qui ne l'ont plus quitté. Il aimait éperdument une philosophe aveugle. Ils se parlaient longuement, la nuit, dans des tavernes aux carreaux rouges. Il n'était pas dupe des illusions qui donnaient au passé des charmes insoupçonnés. Il se disait que, dans leur antenne en préfabriqué, plantée au cœur de la banlieue de cette ville moyenne, devant la route nationale, les étudiants d'aujourd'hui vivaient certainement, nonobstant l'avenir incertain, des heures mirifiques, qui seraient plus *lustrées* (il aimait ce mot) dans deux décennies lorsque le temps aurait fait son œuvre. Il se disait aussi que ce raisonnement vieillot et *râpé* sur les splendeurs du temps passé avait bon dos, qu'en dépit des rétablissements rétrospectifs une mocheté était une mocheté et qu'on avait eu tort, il y a quarante ans, d'importer d'outre-Atlantique le concept des campus et d'en faire, en France, des villes universitaires sans vie, coupées de la ville, avec de grands espaces vides, et que cela était encore pire lorsqu'il s'agissait d'une *antenne* de petite dimension.

Il rêva, à nouveau, c'était chez lui une obsession, que l'on refasse des entrées de ville qui deviendraient, le temps aidant, des cœurs de ville et qui ne seraient plus des étalements indéfinis d'objets épars, des juxtapositions de volumes disparates, mais des entités grouillantes, chaudes, baroques, respirant, comme les êtres humains, avec des halètements, des soupirs, des désirs, des villes tintinnabulantes, pleines de bruits familiers et d'orchestres fantasques, des villes européennes, en un mot, et qui ne seraient pas une collection de motels. Il se dit que, peut-être, un trop grand nombre de nos compatriotes se fichaient comme d'une guigne de la *nouvelle urbanité* et qu'ils rêvaient désormais de se calfeutrer dans leur résidence sécurisée – avec un vigile, une vidéosurveillance et des digicodes – ou dans leur pavillon cerclé de thuyas. Peut-être qu'un trop grand nombre de nos compatriotes avaient peur de la promiscuité, pour des raisons d'hygiène ou, pire encore, d'hygiène sociale, et qu'ils voulaient s'installer définitivement dans leur quant-à-soi, dans leur périmètre, dans leur sas stérilisé, que tout cela manquait singulièrement de tendresse parce que la tendresse supposait une intimité des regards, un commun consentement à l'humaine condition, une envie de se toucher, même si on ne le faisait pas.

La directrice de l'antenne universitaire était venue parler au secrétaire général de ses inquiétudes quant à la construction de la seconde tranche de ses bâtiments. Tout était décidé depuis trois ans, mais le chantier n'avait toujours pas commencé. Cette « seconde tranche » était inscrite dans un contrat cofinancé par l'État, la région, le département, la communauté d'agglomération et la ville. Le financement de ce contrat tout comme la dévolution des maîtrises d'ouvrage avaient donné lieu à d'âpres négociations. Un projet avait été retenu, au terme d'un concours anonyme, comme il se devait désormais, en raison des normes européennes. Mais l'architecte des Bâtiments de France s'était opposée à la réalisation de l'une des parties du projet. Elle en avait le droit car le futur bâtiment était situé à moins de cinq cents mètres d'un édifice classé, en dépit du fait qu'il serait impossible de voir l'édifice classé depuis le futur bâtiment, ni le futur bâtiment depuis l'édifice classé. Plutôt que de saisir la commission désormais chargée de résoudre ce litige, autrefois quasiment insoluble, sauf à obtenir que le ministre de la Culture et celui de l'équipement décidassent de désavouer par un acte conjoint l'architecte des Bâtiments de France, on convint de négocier avec l'architecte des futurs locaux. Celui-ci se prêta de mauvaise grâce à cette négociation qui lui apparut, à juste titre, comme une atteinte portée à l'intégrité de son œuvre, qui avait été retenue, à l'unanimité, et *anonymement* de surcroît, par le jury, et comme un diktat d'un autre âge. Aurait-on osé, s'était-il dit *in petto*, demander à Baudelaire de supprimer un vers de l'un de ses poèmes ou à Delacroix d'ôter quelques décimètres carrés de l'un de ses tableaux ? Il n'avait pas présenté publiquement cette argumentation, de peur qu'on moquât sa prétention ou que les élus locaux ne lui fissent la réputation d'être un personnage irascible, qu'il vaudrait mieux écarter à l'avenir des sélections. Le milieu des élus locaux est, comme tous les milieux, un petit monde où les réputations se font vite. Après beaucoup de discussions, un compromis était advenu. Celui-ci entraînait un surcoût non négligeable, ce qui avait eu deux conséquences. En premier lieu, l'équipe d'architectes qui avait été classée en seconde position par le jury, dont le projet était d'un montant inférieur au coût d'objectif fixé (alors que le projet de l'équipe retenue le dépassait largement dans sa première version), avait présenté un recours devant le tribunal administratif. En second lieu, comme l'on dépassait largement l'enveloppe prévue, il avait fallu réunir les cinq cosignataires du contrat. Sur les quatre collectivités locales concernées, deux refusèrent de financer la part du surcoût qui leur revenait, au double motif qu'elles avaient déjà donné davantage que ce qui leur incombait et que d'autres opérations, qu'elles avaient accepté de financer, n'avaient toujours pas vu le jour. Parmi ces deux collectivités, il y avait celle qui assurait la maîtrise d'ouvrage et qui ne s'était pas privée de dénoncer l'*incurie* de l'État.

La directrice de l'antenne venait solliciter une intervention du préfet auprès des deux collectivités récalcitrantes. Elle escomptait que le changement politique récent serait, à cet égard, un atout non négligeable.

L'écoutant, le secrétaire général ne put s'empêcher d'esquisser un nouveau sourire. Il songea aux inconvénients de la procédure du concours anonyme. Naguère, lors des concours d'architecture, les jurys auditionnaient les candidats retenus au terme d'une première sélection. Ce dialogue était précieux. L'administrateur civil, qui avait rappelé pour la seconde fois, lui avait expliqué que, lorsqu'il fut décidé, par un obscur texte européen, il y a une dizaine d'armées de cela, que les concours d'architecture seraient anonymes, personne en France, ni dans les ministères concernés ni dans les instances professionnelles compétentes, ne s'en était rendu compte – ou plutôt les quelques personnes qui s'en étaient immanquablement aperçues avaient bien caché leur jeu. C'était un signe parmi d'autres, qui illustrait combien les instances européennes constituaient un grand nuage blanc, un nuage cotonneux au-dessus de nos têtes, comme l'immense bulle qui, l'année précédente, dans la Cour d'honneur – c'était en Avignon –, se maintenait en équilibre instable, un équilibre traversé de minuscules tremblements, sur les danseurs transformés en pathétiques fourmis qui s'agitaient frénétiquement. Le secrétaire général était très européen. L'Europe, c'était, pour lui, l'un des *impératifs catégoriques*, l'une des grandes valeurs kantiennes qui ne se discutaient pas. Il voulait passionnément qu'elle existât politiquement, mais qu'elle existât vraiment, que ses représentants, ses élus et son futur président fussent comme un maire que l'on connaît, un député que l'on aime ou que l'on n'aime pas, un ministre familier ; il voulait qu'on pût la toucher, l'Europe, lui parler, l'engueuler, qu'elle fût enfin dotée de visages et même de corps, de corps organiques, pétris de chair, d'humeurs, de transpiration et de désirs.

Il repassait dans son esprit les images, pour lui fondatrices, de l'œuvre pédagogique des jacobins, du premier empereur et surtout de la IIIe République. Il voyait entre ces trois régimes une forte continuité. Du département à la commune, de la mairie à l'école publique et des routes nationales aux chemins vicinaux, tout était clair, ordonné, compréhensible. Tout était à portée de la main et de l'esprit du citoyen. Il avait entendu tel candidat à la présidence de la République parler joliment de ce passé dont il avait la nostalgie. Il se défiait de cette nostalgie autant qu'il s'y complaisait. Il savait que le paradis d'hier était, aussi, une construction intellectuelle. Il n'ignorait pas l'illusion rétrospective. Il avait entendu mille fois les parents d'élèves vanter l'école, le collège et le lycée d'hier, oubliant bravement que le lycée d'autrefois n'accueillait qu'une proportion infinitésimale d'une classe d'âge, et déclarer inlassablement que *le niveau avait baissé*. Étrange concept que ce *niveau* que l'on imaginait tel le niveau de l'eau, une surface indéfiniment plane et qui ne cessait de baisser. Il baissait ontologiquement.

On l'aurait pris, se disait-il, pour un drôle de type si l'on avait su toutes les contradictions qui *constituaient* (il tenait à ce mot) sa pensée, en la défaisant, parfois, souvent. Il était, de toute la force de son être, un *pessimiste actif.* Il pensait qu'on parviendrait peu à peu à façonner une démocratie nouvelle et que l'histoire y aiderait, même si sa connaissance du passé justifiait ses nuits angoissées. Il y avait eu, il y aurait toujours, hélas, de terribles et inacceptables trous d'air. Mais, glorieux ou brinquebalant, c'est selon, le char de l'histoire conduirait inéluctablement, avec l'aide des hommes et des femmes de progrès, vers des formes plus achevées de démocratie. À ce moment-là, il sourit franchement de lui-même tant cette proclamation mentale lui parut être *pompier* – c'était, encore, l'un de ses mots –, si bien que la directrice d'antenne se sentit gênée, exactement comme l'avait été, le matin même, la secrétaire quand elle avait entendu son patron parler tout seul (mais, contrairement à celle-ci, elle attribua la gêne qu'elle éprouvait à l'existence d'une attraction qu'elle crut réciproque, mais qui ne l'était pas).

Mais revenons aux concours d'architecture. Le secrétaire général se fit la réflexion que, intégralement anonymes, ils avaient l'avantage de donner leur chance à de jeunes architectes talentueux, mais que cet avantage s'était vite révélé théorique, en raison des seuils financiers instaurés, de la rudesse des présélections et enfin du fait que l'anonymat était dans un certain nombre de cas une sinistre plaisanterie puisqu'il était impossible de masquer les références, pas plus que le style, le caractère propre, de tel architecte que ses collègues membres du jury reconnaissaient inévitablement au premier coup d'œil. Il tenta de rassurer la directrice de l'antenne universitaire et sut se faire convaincant : il parlerait de cela au nouveau préfet, qui *ne manquerait pas* (c'était décidément la formule obligée) d'évoquer la question avec le secrétaire général aux affaires régionales et, bien sûr, avec les élus récalcitrants. Voyant son interlocutrice se rasséréner, ou du moins en donner l'apparence, le secrétaire général pensa que ce serait pour le nouvel arrivant un bel exercice de diplomatie préfectorale, bien dans l'air du temps.

Le sourire, qu'elle avait jugé équivoque, du représentant de l'État suscitait encore chez la directrice de l'antenne universitaire un malaise perceptible au moment où, après avoir courtoisement pris congé, elle descendit l'escalier de la préfecture. Arrivée en bas, elle résolut de demander un rendez-vous au recteur. Cette décision lui parut sage. Elle ne s'imaginait pas que le recteur, chancelier des universités, pût marquer quelque irritation en apprenant, car il l'apprendrait forcément, qu'elle avait saisi l'autorité préfectorale avant de l'avoir contacté.

Le secrétaire général, lui, était déprimé. Les appels incessants de l'administrateur civil, auxquels il persistait à ne pas répondre, lui donnaient quelques faibles remords. L'affaire de la Bible et de l'ermite urbain l'embarrassait davantage. Tout cela était incroyable. L'ermite urbain l'avait regardé, tout à l'heure, avec un mauvais œil. Il avait le sentiment d'être le jouet de forces qui le dépassaient. Il se reprochait de n'avoir pas appelé le préfet, mais celui-ci aurait probablement souri de cette histoire incongrue, tellement hors du cadre, des règles et des schémas qu'il valait mieux l'ignorer, pour la paix et la sécurité des esprits.

Et si cette histoire n'avait pas plus *existé* que l'étrange déjeuner sur le structuralisme qu'il n'était plus sûr d'avoir vécu ? Sa table était lisse. Il s'était assoupi. Il se souvenait que, la veille, son esprit avait flotté quelques instants au milieu du déjeuner d'adieu du préfet, alors que le directeur de cabinet de droite et la sous-préfète de gauche échangeaient des regards. Et si la vérité c'était qu'il était encore à ce repas ? Son esprit, soudain, cessait de flotter. « Ma chère collègue et amie, disait-il mécaniquement à la sous-préfète, ce métier est une ascèse permanente. On ne peut jamais tout dire. Mais peut-on jamais tout dire ? On a souvent une conscience aiguë de l'inanité des choses. Mais ce sentiment est aussi trompeur que l'exaltation des révolutionnaires. L'histoire est surprenante. Nous avons parfois le sentiment que rien n'avance, alors qu'un travail souterrain s'accomplit. Les régressions ne sont jamais irrémédiables. Des continents s'effondrent sans prévenir. Qui avait prévu la chute du mur de Berlin ? Ce qui nous menace tous, c'est l'habitude, l'*air entendu*, l'idée qu'on a tout vu et qu'on ne verra que ce qu'on a déjà vu, c'est l'accoutumance aux fatuités de l'emploi du temps. » Bien qu'il se voulût serein, il était en réalité légèrement abattu, mais cela ne durerait pas. La sous-préfète l'avait écouté poliment, mais elle n'avait d'yeux que pour le directeur de cabinet.

« Vous avez cent fois raison, lui répondit-elle mécaniquement, mais je suis moins philosophe que vous. » Question d'âge, pensa-t-elle, mais elle ne le dit pas. Elle, elle était amoureuse de l'action et, probablement, du directeur de cabinet. De l'action, d'abord : elle voulait passionnément que la politique de la ville avançât et elle y mettait une énergie qui forçait l'estime. Du directeur de cabinet ensuite ou en même temps : elle était subjuguée par ce bloc de certitudes, au point d'admirer ce qui, chez tout autre, lui eût paru un condensé des thèmes recuits de la droite épaisse.

CHAPITRE 9

Lors du dîner d'adieu de la veille au soir, la conversation s'effilocha. Au moment du dessert, le secrétaire général, qui était, après le préfet, le plus gradé dans le corps, considéra que le moment était venu de dire quelques mots au nom de l'ensemble de ses collègues. Il le fit avec une émotion non feinte. Le préfet, qui détestait les effusions, répondit avec beaucoup de chaleur, mais de façon succincte.

Il revint à la sous-préfète à la ville de remettre un cadeau au préfet. Elle lui offrit donc une édition du XVIIe siècle de *La Princesse de Clèves*, que le directeur de cabinet avait dénichée chez un marchand parisien, et dont ils avaient pensé conjointement qu'elle ferait plaisir au préfet, amateur de vieux livres, de littérature classique, et tout particulièrement de l'œuvre de Madame de La Fayette.

Nul n'imaginait alors que cette œuvre serait quelques années plus tard l'objet d'une vive controverse.

Le secrétaire général trouvait étrange qu'on pût aimer une littérature aussi inactuelle. Il persistait à ne pas comprendre pourquoi la Princesse renonçait avec une telle obstination à « *l'objet* » de son amour au nom de ce qu'elle appelait l'« *intérêt de son repos* ». Au-delà d'une morale stoïcienne, cartésienne ou janséniste, le préfet, qui avait plusieurs fois évoqué le sujet devant son collaborateur, voyait dans ce livre le salutaire récit du renoncement de l'héroïne à se perdre sous l'emprise des sollicitations destructrices de chacun des moments qui, l'un après l'autre, était une poussière de vanités. Le préfet parlait aussi de la mise en abyme, des histoires dans l'histoire, et des passions qui se multipliaient à l'infini, et surtout de l'écriture inégalée, de la syntaxe déliée, complexe pourtant, de ces imparfaits du subjonctif qui s'enchaînaient, évoquant autant de mondes virtuels qui nimbaient de résonances la nue réalité. Plus prosaïquement, le secrétaire général pensait qu'on ne verrait plus aujourd'hui un roman qui s'étendrait ainsi sur un grand nombre de pages sans que plusieurs des personnages couchassent ensemble dès la fin du premier chapitre (encore serait-il risqué de faire attendre le lecteur jusque-là) et que l'écrivain contemporain qui aurait l'idée perverse de prolonger cet état de choses insoutenable jusqu'au onzième chapitre de son ouvrage serait, d'avance, condamné à l'insuccès.

Bien qu'elles ne fussent pas exprimées, le préfet avait deviné les objections de ses interlocuteurs au sujet du roman de Madame de La Fayette. Il leur avait répondu de la manière la plus explicite qui soit, d'un ton légèrement cinglant qui contrastait avec son élocution habituelle, que leurs réticences supposées, qui étaient tellement dans l'*air du temps*, prouvaient qu'ils n'avaient pas lu le livre, qui posait un problème philosophique qui restait d'une brûlante actualité. Il évoqua ce grand auteur qui, à l'aube du siècle précédent, pourfendait ceux qui confondaient le *récent* et le *nouveau*, et qui avait écrit : « Homère est nouveau ce matin et rien n'est peut-être aussi vieux que le journal d'aujourd'hui. » Il remercia sincèrement ses collègues, et néanmoins subordonnés, pour le cadeau. On servit le café. Les conversations reprirent. Le préfet se montra plus jovial qu'à l'accoutumée. Il est vrai que le décès de son épouse, il y a dix-huit mois, l'avait plongé dans une longue tristesse, qu'il s'était efforcé de dissimuler dans les relations de travail. Davantage encore que par le passé, il s'était consacré à sa tâche, prenant toutefois, comme l'avaient constaté ses proches, plus de distance qu'auparavant avec les vicissitudes du quotidien.

Le secrétaire général était toujours légèrement assoupi. Il se remémora qu'il allait devoir ouvrir la réunion de *suivi* du *contrat local de sécurité*. La fatigue suscitait en lui des moments dits d'absence au cours desquels des histoires défilaient au galop dans sa tête. Sa vie, comme toutes les vies, charriait les histoires qu'il vivait, d'autres histoires qu'il vivait intérieurement et qui étaient plus ou moins liées aux premières, d'autres encore, beaucoup d'autres. Mais quelle heure était-il ?

CHAPITRE 10

L'administrateur civil avait rappelé, l'ancien député aussi. Le secrétaire général aimait l'ancien député comme son frère. Il s'en voulait de ne pas lui avoir prêté l'attention qu'il aurait fallu, lors de leur rencontre du matin. Sans doute était-il lui-même resté sur sa faim, ce qui expliquerait son appel. Il était, de toute façon, rare qu'après une rencontre, une discussion, il n'appelât pas soit pour faire part de son contentement, soit, plus fréquemment, pour préciser ses propos, les corriger ou reprendre le débat. C'était un perpétuel insatisfait.

Il se souvenait de son élection comme député, de l'acharnement avec lequel il avait travaillé dès les premières semaines de son mandat. Au début, il était impressionné par les *petits mots manuscrits* que les ministres et secrétaires d'État ajoutaient à la fin des lettres qu'ils lui adressaient en réponse à ses nombreuses interventions. Tous, y compris ceux qu'il ne connaissait pas, lui envoyaient des sentiments *cordiaux* ou *amicaux*, l'assuraient de leur *amitié* ou inscrivaient : « *Bien à toi.* »

Les cent messages qu'il avait reçus d'anciens collègues après son élection regorgeaient pareillement d'*amitié*. Quand il redescendait de la tribune, après une intervention de cinq minutes, il était rare que tel ou tel ne lui envoyât pas par l'intermédiaire d'un huissier un *petit mot* pour le congratuler, commençant par « *cher ami* » et s'achevant par de nouvelles protestations d'*amitié*. Semblable à ce personnage hébété qui voyant monter le déluge s'était écrié : « Que d'eau, que d'eau ! », il était flatté et en même temps inquiet par ces flots amicaux dont il ne fut jamais totalement dupe, même s'il savait autant que quiconque combien les combats partagés, les débats sans fin dans l'hémicycle et les idéaux communs créaient des liens forts qui relevaient davantage, pour lui, de la camaraderie, voire de la fraternité.

Il comprit vite que les directeurs de cabinet ou les chefs de cabinet des membres du gouvernement faisaient des notes à toutes les secrétaires (que l'hebdomadaire du mercredi publiait quelquefois) leur donnant instruction d'adresser – fût-ce à la *machine à signer* dans les gros ministères – des sentiments aussi *amicaux* que possible aux parlementaires de la majorité, cependant que ceux de l'opposition se voyaient gratifiés des éternels *sentiments les meilleurs* – voire de la *considération distinguée* ou encore de *sentiments cordiaux* (on ne savait jamais ce qui pouvait advenir, et il était prudent de ménager les opposants du jour).

Il fit rapidement la part des choses. Il savait déjà, mais il perçut avec une particulière acuité dans les premiers mois de son mandat, tout ce qu'il y avait de superficiel dans l'existence politique, ces marques de cordialité de tous les instants, l'intérêt que l'on était constamment censé porter à des centaines, des milliers d'êtres humains, les dizaines d'interventions que l'on faisait chaque semaine sur les sujets les plus divers, les foisons de lettres au préfet et aux ministres, dont les accusés de réception attestaient *a minima* auprès des électeurs qu'on s'était occupé de la question, la capacité de certains à un suprême degré – ce qui leur valait son admiration personnelle – de toujours paraître, à défaut d'être, totalement disponibles pour l'interlocuteur du moment, qu'il s'agît d'un rendez-vous en bonne et due forme, d'une rencontre fortuite au cœur d'une fête foraine ou de quelques mots échangés sur le quai de la gare alors que le train arrivait. Lui ne possédait que médiocrement ce savoir-faire, traversé qu'il était en permanence par les pensées et les préoccupations les plus diverses, mais il s'y appliquait, comme un exercice quotidien, une ascèse, une forme de dépouillement. Il racontait parfois à la fin des repas quelques histoires qui lui étaient arrivées. Ainsi, un jour, alors qu'il nageait à la piscine, l'une de ses électrices – du moins le supposa-t-il – qui nageait également le reconnut, se précipita vers lui d'une brasse rapide et lui expliqua ses problèmes de logement, le priant d'intervenir auprès de l'office public compétent afin qu'elle obtînt un logement plus grand. Il eut beaucoup de mal à lui expliquer que la situation était peu propice à ce qu'il notât son nom, son adresse, ses *desiderata*, et qu'il la priait de bien vouloir l'appeler à sa permanence dont le numéro figurait dans l'annuaire. Elle finit par en convenir, non sans avoir expliqué en détail les raisons pour lesquelles elle avait raison. Un autre jour, il avait décidé de fêter avec son épouse leur anniversaire de mariage chez un restaurateur qu'il connaissait. Ce dernier l'accueillit avec plaisir, lui offrit l'apéritif, s'enquit de sa santé, fit quelques commentaires sur l'actualité nationale, qu'il jugea *grise*, complimenta sa femme et les installa tous deux à une table relativement discrète au premier étage. Il vint prendre la commande et assortit, en réponse à leurs interrogations, ses commentaires sur la carte de nouvelles considérations sur l'air du temps. Alors que l'on desservait l'entrée, le restaurateur revint et prononça cette phrase : « *Je ne vous dérange pas ?* » – phrase admirable par laquelle on énonce l'exact contraire de ce que l'on fait, tout en signifiant à l'interlocuteur qu'il serait malvenu qu'il protestât : « *Non, évidemment.* » Et, inévitablement, l'imparfait : « *Je voulais vous dire…* » Et puis : « *Mais vous êtes sûr au moins que je ne vous dérange pas ?* » « *Mais non, mais non.* » Le restaurateur avait des problèmes fiscaux. Les *impôts* lui avaient infligé un redressement totalement injustifié. D'ailleurs, il pouvait le prouver. Il disposait des documents. Il allait les chercher. Ce serait plus simple. Il revint avec sa feuille d'impôts, le redressement, le recours gracieux qu'il avait formé, la réponse au recours gracieux, *qui ne tenait pas la route*, comme l'attestait la consultation juridique à laquelle il avait procédé, qu'il produisait derechef, ainsi que la lettre qu'il avait envoyée au ministre du Budget. Peut-être, lui, le député, pourrait-il intervenir. Il ne voulait pas lui forcer la main. Il comprenait très bien. Mais il voulait qu'il sût que la réglementation avait changé, qu'il était facile de le vérifier, documents à l'appui. Le plat principal venait d'être servi, derrière la bouteille de sancerre, et un chandelier vaguement cuivré, qui donnait à la scène un *je-ne-sais-quoi* de romantique. La table était jonchée de feuilles, de lettres, de mémoires et de photocopies du *Journal officiel*. Et, alors que son épouse envoyait du regard des signaux de détresse, le député, bien que passablement irrité, s'efforçait de rester courtois : c'était, en effet, un véritable problème ; il regarderait tout cela ; il écrirait lui-même au directeur des services fiscaux ; il se réservait d'écrire au ministre du Budget après avoir examiné le dossier ; le mieux serait qu'il prît rendez-vous avec lui (c'était l'épiphanie du style indirect libre cher à Jean de La Fontaine) ; il lui donnait l'adresse de sa permanence, mais aussi les numéros du téléphone et du fax ; le restaurateur les notait ; il s'excusait encore ; il ajoutait de nouveaux arguments ; il protestait de sa bonne foi ; il ne savait comment remercier le député ; il saurait se souvenir de son action ; il avait toujours remarqué sa grande disponibilité ; on ne pouvait pas en dire autant de tous ses collègues ; mais il ne voulait *surtout pas* les déranger…

Ce fut un anniversaire de mariage mémorable. En rentrant, il se demanda s'il fallait en rire ou en pleurer. Son épouse, elle, ne se le demanda pas et ne se priva pas de le faire savoir à qui de droit. La nuit qui suivit, et les nuits suivantes, ils se réveillèrent plusieurs fois. Ils partageaient la même vision. Au-delà des draps, des nappes blanches s'étendaient à perte de vue, éclairées par des bougeoirs ; elles étaient jonchées de milliers de feuilles imprimées ; c'était un océan de papiers qui n'avait pas de limite, bercé de houles qui les écornaient, les soulevaient, d'orages qui les déchiraient, et dont le bruit, s'amplifiant, devenait un hurlement, cependant que des pieuvres s'emparaient des millions de documents qu'elles malaxaient jusqu'à ce qu'ils fussent tous transformés en l'informe pâte à papier dont ils étaient issus. Ces feuilles censées porter des œuvres d'intelligence humaine qui, pour être grises, rampantes, bureaucratiques, n'en étaient pas moins des produits, ou des sous-produits, de la pensée connaissaient ainsi la plus humiliante des régressions. C'était comme si l'esprit, *même rampant*, se résorbait dans la matière. Ils se réveillaient en frissonnant.

Ils résolurent d'aller désormais célébrer leurs anniversaires de mariage dans le département voisin.

L'ancien député avait perçu assez vite les nombreuses ambivalences qui s'attachaient à la notoriété locale qui était déjà la sienne, et qui, mois après mois, s'affermissait. Il réfléchissait souvent à ce qu'on appelait *la politique*. Au-delà des moments d'exaltation, c'était un ensemble de pratiques, souvent minuscules – audiences, permanences, interventions, contacts, réunions, cérémonies –, qui avaient chacune leur pertinence mais qu'il ne parvenait à rapporter aux projets politiques qui étaient les siens qu'au prix de *mises en cohérence* qui n'allaient pas toujours de soi, même si elles étaient suffisamment crédibles à ses propres yeux pour qu'il pût accomplir sa tâche avec conviction.

Il pensait parfois à la masse énorme des interventions. Il lui arrivait de comparer avec ses collègues le volume de leurs courriers respectifs et le nombre de leurs interventions individuelles. Depuis qu'il n'y avait plus de service militaire, c'en était certes fini, on l'a vu, des dizaines, des centaines de milliers de courriers sollicitant des affectations rapprochées auxquelles les machines à traitement de texte répondaient mécaniquement, fût-ce en personnalisant (mécaniquement aussi) les courriers ; mais les préfectures, comme les ministères, regorgeaient encore d'interventions. Il pensait parfois que cela devait constituer un fabuleux jeu à somme nulle. Si chaque député défend son territoire, tous les territoires sont défendus (sauf ceux dont le député est paresseux, mais la proportion de parlementaires paresseux doit être la même dans tous les camps) et, si l'ensemble des territoires est défendu, toutes les conditions du *statu quo* sont réunies, les pressions s'annulant les unes les autres.

Le député savait que l'amie du secrétaire général disait que l'on n'échappait pas plus aux effets de la structure, quoi qu'on en crût, qu'à ceux de l'idéologie.

Il était pourtant persuadé qu'au-delà de cette gangue ou, plutôt, à travers elle les forces du progrès se frayaient un chemin. Il aimait la politique lorsque, d'un coup, elle décolle, s'envole, les pieds, ou les pattes encore lourdes et collantes du terreau commun. Il croyait que, même si « *tout le temporel est véreux* », comme l'avait écrit le grand poète du début du siècle précédent déjà évoqué, de fabuleuses maturations s'accomplissaient en son sein. Il s'indignait que l'on présentât trop souvent l'action publique comme un marigot enténébré. Il n'aimait pas ceux qui s'*en croyaient*. Il détestait ceux qui s'écoutaient parler. Il aimait ceux qui exprimaient une rage froide, une peur carabinée, une envie d'autre chose, une intelligence réformatrice si limpide que chacun de leurs interlocuteurs avait le sentiment d'en partager les analyses et les conclusions. Il adorait ces moments où, sans cesser de garder le lien avec les gens, et même si ceux-ci doutaient qu'il en fût ainsi, on prenait les risques qu'il fallait prendre, on passait sans filet d'une étape du réel à une autre, encore incertaine, ces moments où l'on sait absolument que le « *pire piège* » est dans la suffisance repue de ceux qui occupent les lieux depuis toujours et s'en croient propriétaires pour l'éternité.

Le secrétaire général ne s'était pas trompé. L'ancien député appelait pour revenir sur la conversation du matin. Il avait été frappé par son allure fatiguée, par la transpiration qui *perlait* sur son visage. Il avait perçu dans son regard une impression d'absence et de malaise. Il se demandait *s'il ne filait pas un mauvais coton.*

Anxieux lui-même, il voulait s'assurer que les interventions qu'il avait demandées, et qui requerraient quelque subtilité quant à la manière de s'y prendre et aux termes à employer, seraient bien faites.

Le secrétaire général le rassura.

CHAPITRE 11

Il devait être quinze heures trente, mais la question du temps fut désormais taboue pour le secrétaire général qui songea que, s'il avait été un personnage de roman, il y aurait forcément eu un narrateur omniscient qui se serait comporté comme le maître du temps et eût suivi de près le cours de pendules. Il songea aux premières lignes du *Roman comique* de Scarron, qu'il connaissait par cœur : « Le soleil avait achevé plus de la moitié de sa course, et son char, ayant attrapé le penchant du monde, roulait plus vite qu'il ne voulait. Si ses chevaux eussent voulu profiter de la pente du chemin, ils eussent achevé ce qui restait du jour en moins d'un demi-quart d'heure ; mais, au lieu de tirer de toutes leurs forces, ils ne s'amusaient qu'à faire des courbettes, respirant un air marin qui les faisait hennir et les avertissait que la mer était proche, où l'on dit que leur maître se couche toutes les nuits. Pour parler plus humainement et plus intelligiblement, il était entre cinq et six quand une charrette entra dans les halles du Mans. »

Cette longue citation fit remonter en lui une ancienne diatribe qui occupait de temps à autre son esprit. Il nourrissait une vive hostilité à l'encontre de ce qu'il appelait la *rhétorique de la citation*, rhétorique tellement commune que nul, jamais, ne s'en offusquait. C'était une pratique coutumière, qui nourrissait les dissertations, les articles, les essais, les biographies et les controverses de toute sorte. L'auteur, quel qu'il fût, appuyait sa démonstration en inscrivant sur le papier un *deux-points* immédiatement suivi d'une ouverture de guillemets bientôt refermés après qu'il eut distinctement transcrit, entre les deux signes fatidiques, la *citation* qui attestait de sa bonne foi, du bien-fondé de sa démonstration, qui permettait d'affirmer que la personne *citée* pensait bien cela. *Elle l'avait dit. Elle l'avait écrit.* C'était consigné. Elle ne pourrait pas se dédire. *Deux-points, ouvrez les guillemets,* cela suffit : vous êtes pris en flagrant délit d'avoir prononcé, d'avoir écrit, d'avoir pensé, et de penser toujours, cette pauvre phrase. *Vous êtes ce que vous avez dit.* Trouvât-elle sa justification dans les plus nobles causes, ce serait toujours votre procès. Vous devrez éternellement en répondre.

Il est ainsi des destins, des vies entières, dont il ne reste qu'une phrase. Et sans doute les auteurs de cette unique citation doivent-ils se considérer heureux, puisque, contrairement à des milliards d'êtres humains, ils laisseront après eux quelques mots qui leur survivront. Mais oublions la destinée et revenons à la controverse quotidienne. Combien de fois vous prend-on à témoin en invoquant ce que vous avez dit ? Certains s'emploient même à soutirer d'hommes vieillissants, ayant acquis une certaine notoriété, voire une authentique célébrité, quelque parole fatiguée qu'ils éructent ou laissent tomber à la fin d'un déjeuner entre amis, sans penser à mal, et se croient investis de la mission de transcrire ces misérables paroles pour la postérité. Or on en dit des choses dans le cours d'une vie, et même d'une journée ! On en écrit des choses lorsqu'on aime écrire ! On en fait des déclarations lorsqu'on a pour mission de déclarer ! Et même lorsque l'on n'a pas cette mission. On en dit tant, des phrases et des morceaux de phrase, sans compter ce que l'on pense, et qui peut aussi être *articulé* d'une certaine façon. C'est un flux de mots qui nous traverse et dont n'affleure qu'une part infime. Nous portons, bien sûr, la responsabilité de ce que nous énonçons. En partie du moins. Car tout n'est pas sur le même plan, rien n'est même sur le même plan, et le malheur vient de ce que les faiseurs de citations mettent tout sur le même plan, les phrases échappées et celles qui sont pesées, les mots volés et ceux qui sont pensés, les hésitations et les certitudes, les brouillons et les assertions.

Le secrétaire général observait à cet égard comme un entomologiste le jeu télévisuel. Un jeu dont la plupart des spectateurs ignoraient l'existence, puisqu'il procédait de l'apparente évidence. Un sujet devait durer une minute, parfois une minute trente. C'était d'autant plus vrai pour un sujet *politique* qui arrivait après les faits divers, à un moment où l'attention commençait à décroître (les études l'avaient prouvé). Il fallait souvent dans cette minute trente caser deux *prises de position*, l'une pour, l'autre contre. On avait interrogé chaque interlocuteur, durant deux ou trois minutes, parfois davantage. Ceux qui ne maîtrisaient pas bien la technique avaient bêtement argumenté, avançant deux causes et un effet, un contre-argument invalidé par la démonstration qui suivait, trois raisons de croire à ce qu'ils disaient, en commençant par la plus faible. Et, au total, une seule phrase avait été retenue, deux dans le meilleur des cas. Le journaliste, le technicien n'y pouvaient rien : c'était le *format*. N'empêche : ils avaient procédé au travail de *réécriture* qui consistait non pas à résumer douze phrases en une, mais à choisir une phrase parmi les douze, et à la choisir selon la scénographie qu'ils avaient imaginée, afin qu'elle répondît exactement à la citation précédente, qu'elle s'emboîtât le mieux possible dans le scénario. Chacune de ces douze phrases avait incontestablement été prononcée. Mais la citation ne prouvait rien. On aurait pu *faire dire* une grande diversité de choses à la même personne en choisissant isolément chacune des douze phrases. Choisir une phrase, c'était forcément, inéluctablement, *réécrire* le propos.

La citation est un instantané. Coupé de tout. C'est un raisonnement truqué, une pensée tronquée. Ce que je pense, c'est le mouvement de ma pensée, se disait le secrétaire général, qui se fit simultanément la réflexion que *ses chevilles enflaient*, ce qui n'avait que peu d'importance, puisqu'il était seul. Il contestait le fait que l'on pût enfermer les convictions de quiconque dans la citation d'un moment, fût-elle authentique (elles le sont évidemment toutes ou presque, *en un sens*) et labellisée par l'intéressé. Il songeait souvent à cet auteur, qui sera donc à nouveau évoqué, qui écrivait une ligne et qui, voulant préciser sa pensée, écrivait en dessous de la première ligne une autre ligne, sans pour autant effacer la première (*une autre ligne, un autre vers, un autre verset*), et ainsi de suite. Sa pensée n'était ni dans la première ligne, ni dans la deuxième, ni dans la troisième. Elle était dans le *mouvement* qui allait de la première à la deuxième, puis de la deuxième à la troisième, qui traversait le livre, se prolongeait de livre en livre, se déployait dans l'œuvre tout entière, une œuvre combattante, militante, *et ensemble poétique*, qu'il écrivait à sa table des heures entières, comme une « bête de somme » illuminée, habitée, se comparant d'ailleurs à « *un cheval qu'on crève* » (puisqu'il faut citer). Le secrétaire général détestait que l'on prît les citations pour argent comptant. Il y voyait le *summum* de la naïveté. Le contentement universel des faiseurs de citations lui donnait froid dans le dos.

Le secrétaire général se souvint qu'il présiderait le lendemain la commission des sites, dans sa formation dite *faune et flore*, et que les deux premiers points de l'ordre du jour porteraient sur l'habilitation des marchands d'oiseaux et des vendeurs de tortues. Il entendait déjà le rapport succinct de la direction compétente.

Il présumait l'acquiescement probable des commissaires. Il mesurait le côté vaguement comique de la situation. Il se surprit à imaginer des oiseaux multicolores tournoyant au-dessus des commissaires et de grosses tortues envahissant la salle de réunion, se logeant entre les chaises, sur les tables, sur les meubles, avec leurs grandes carapaces lustrées et leurs têtes grises, torves, dont le dodelinement erratique contrasterait avec le mouvement régulier des personnes assises autour de la table qui opineraient du chef avec la régularité d'un métronome.

Il était pris de vertige lorsqu'il songeait à la distance qui séparait ces tâches obscures, besogneuses, *cadastrales*, *cantonales* (deux autres mots du poète) des problèmes du monde. Il conversait souvent avec d'anciens camarades qui avaient choisi d'autres fonctions. Qu'ils fussent responsable de la mission de développement à Ouagadougou, consul à Karachi, fonctionnaire européen à Bruxelles ou sous-directeur au Fonds monétaire international, tous se plaignaient de la dureté de la tâche, des écrans, des parasites, en un mot de la technocratie, de la gangue des procédures et du temps perdu. Mais lui, le secrétaire général, mesurait en ses moments de doute combien *les leviers étaient ailleurs*. L'ancien député lui avait suffisamment dit – c'étaient des banalités – que rien n'était plus urgent que de fixer de nouvelles règles mondiales, que l'Europe devait se donner le moyen d'être, à cet égard, un acteur essentiel, faute de quoi des flux boursiers se propageant plus vite que l'éclair continueraient de dominer l'économie. Il avait écouté, le matin, les informations en prenant son petit-déjeuner. On se demandait ce jour-là si la moitié de l'édition française tomberait dans l'escarcelle de celui qui possédait déjà la plus grande partie de l'autre moitié, ou si des fonds de pension californiens se l'approprieraient. Les quasi-monopoles se multipliaient. Les licenciements entraînaient d'importants profits boursiers. Le poids des mafias s'accroissait. Celui des intégrismes aussi. Qu'il s'agît de l'économie réelle ou virtuelle, de flux transparents ou souterrains, beaucoup doutaient que l'on pût établir des règles. Le secrétaire général considérait que c'était indispensable, urgent et possible. Le réalisme consistait à voir où étaient les dérèglements et à y porter remède au bon niveau. Ce n'était pas utopique. C'était la croyance naïve en vertu de laquelle tout s'arrangerait *naturellement* qui l'était.

De même, il fallait revoir certaines tables de la loi. Il gardait comme presque tous les Français la nostalgie de ces temps où l'on distinguait parfaitement ce qui relevait de l'État et ce qui n'en relevait pas. Les services publics se déployaient en une parfaite organisation couvrant tout le champ de la connaissance et de l'action. Ce n'était plus le cas aujourd'hui. Et pourtant il ne se résignait ni au chaos ni aux injustices en chaîne qui l'accompagneraient. Ses inébranlables conceptions humanistes le conduisaient à considérer que, tôt ou tard, la capacité des êtres humains à maîtriser, pour la part qui leur revient tout au moins, ce qu'il appelait le *cours des choses* l'emporterait sur la jungle boursière et ses conséquences pratiques.

Il songeait qu'il y avait là un immense chantier aux dimensions des continents, incluant, outre l'économie, d'autres domaines qu'on ne pouvait dissocier d'elle, alors que lui se débattait dans de microscopiques enjeux lors d'interminables réunions portant sur des détails ou se bornant à la surface des choses, à cette écume impalpable, à ces pépiements nourris, redoublés et redondants. « *Levez-vous, orages désirés !* » se dit-il encore, cependant qu'il revoyait des millions d'oiseaux multicolores tournoyant sur une mer de carapaces qui, n'étant limitée par rien, se prolongeait dans toutes les directions. Il était atteint de la maladie de la *prolifération*. Des centaines d'êtres, d'animaux et d'objets surgissaient de partout. Ils peuplaient concrètement son cerveau comme les araignées de Baudelaire.

La secrétaire entra. Elle rappela à son patron les appels insistants de l'administrateur civil et de l'ancien député. Elle lui annonça que sa prochaine réunion débuterait quinze minutes plus tard et l'informa du souhait exprimé par la sous-préfète de le voir très rapidement.

Lorsqu'elle prononça ce mot, *sous-préfète*, elle eut un regard étrange. Elle avait l'intuition que cette dernière avait passé la nuit précédente avec le directeur de cabinet. C'est un sujet qu'elle avait abordé avec sa collègue, pendant le déjeuner. Bien qu'ils fussent imperceptibles pour la plupart des hommes, il y a des signes ténus qui, pensait-elle, ne pouvaient échapper aux femmes, une manière de marcher, un port plus glorieux, une sorte de triomphe intime qu'on avait plaisir à laisser transparaître et, malgré le fard, la ligne d'un cerne presque invisible soulignant à peine un œil plus vif.

CHAPITRE 12

La sous-préfète fit son entrée sous le regard intéressé, bien que professionnellement réservé, de la secrétaire.

Elle s'adressa au secrétaire général sans détour. Elle appréhendait l'arrivée du nouveau préfet. Elle craignait qu'il fût moins déterminé que l'actuel titulaire du poste. Elle en avait *entendu parler*. Elle n'avait toujours pas de réponse du ministère sur les deux opérations de destruction de barres dont on parlait depuis trois ans et dont la mise en œuvre demanderait trois ans encore, puisqu'il faudrait reloger tous les occupants et qu'elle savait (la réunion du matin l'avait confirmé) que ce ne serait pas facile, tant on userait, dans nombre de communes, de stratégies de toute nature pour éviter d'accueillir ces populations. On construirait du logement social qui ne serait pas ouvert à tous. On veillerait scrupuleusement aux attributions. Tout serait verrouillé.

Elle était devenue intarissable sur les raisons qui retardaient les chantiers dont chacun proclamait l'urgence. Elle éprouvait une rage intérieure en constatant que, malgré vingt années de politique de la ville, la ghettoïsation progressait et que les ségrégations géographiques se renforçaient. Les zones d'éducation prioritaires, inventées par Alain Savary, devaient permettre à ceux qui avaient *moins* d'obtenir *plus*, afin de rejoindre le lot commun. Mais, malgré un travail pédagogique intense, malgré toute l'énergie dépensée, les logiques foncières, immobilières et surtout les images attachées à ces quartiers, les images accrochées aux murs de béton, aux portes, aux fenêtres, collées à tous les pores de la peau de ceux qui y vivaient, se traduisaient, année après année, par des phénomènes de *fuite* que rien ne parvenait à enrayer. Les parents qui allaient bien, ou mieux, et habitaient les pavillons voisins demandaient, et obtenaient, des dérogations à foison. Et même les enseignants de l'*enseignement public* finissaient par solliciter, eux aussi, des dérogations.

On n'en sortirait pas sans un grand plan d'ensemble, mis en œuvre rapidement, avec une volonté de fer. Ces quartiers, il fallait les refaire. Non pas à la même place, de la même façon, avec quelques petites rénovations, quelques ajustements, comme on l'avait si souvent fait. C'était toute la ville, toutes les villes, qu'il fallait entraîner dans un vaste mouvement de renouveau urbain. Il fallait créer partout des logements sociaux qui fussent désirables. De belles maisons, de beaux appartements, au milieu des autres. La France en avait largement les moyens. La sous-préfète enrageait de voir qu'on baissait les impôts alors qu'avec cette manne on pourrait accomplir en quelques années ce *grand œuvre*, qui s'accomplirait de toute façon par la force des choses – mais dans combien de temps et dans quelles conditions ?

Elle aimait visiter les expositions d'architecture. Elle était allée visiter la biennale de Venise. Le matin, elle avait pris le *vaporetto* et s'était laissé entraîner. Elle connaissait tous les chromos, elle savait les cartes postales et les nostalgies apprêtées des politiciens fatigués. Aller à Venise, c'était, en un sens, manquer d'imagination, suivre la voie commune. Et pourtant, là, tout était coloré. Les palais et les maisons étaient ocre et jaunes. Il y avait aussi du rouge et du vert. Et elle aimait le bleu de l'eau. Un enterrement passa sur le canal. Le mort reposait sur la première gondole que deux autres suivaient disposées en une exacte symétrie. C'était un enterrement noir et cuivré, argenté aussi. La limpidité ambiante le transformait en passage. L'enterrement croisa un mariage. La mariée était à la proue du bateau dans sa robe blanche. Elle se signa. Deux barques, symétriques elles aussi, la suivaient, surmontées de roses blanches.

On arrivait aux *giardini*. Elle entra et fut happée par les pavillons de tous les pays présentant les recherches architecturales du moment. L'après-midi, à l'Arsenal, elle découvrirait les œuvres de nombreux architectes *en vue*, classées par thèmes : les maisons avec les maisons, les tours avec les tours, les magasins avec les magasins, les églises avec les églises. Elle détesterait cette lourde thématique, ce *désossement*, dirait-elle. Elle serait cependant subjuguée par quelques œuvres sublimes se détachant parmi d'autres, convenues. Elle reviendrait le lendemain dans les pavillons des différents pays, et notamment dans le pavillon français. Elle y retrouverait ses amis architectes qui présenteraient leurs recherches, des constructions colorées, aux formes neuves, étranges pour nos yeux déshabitués, nous appelant à l'effort que la nouveauté requiert, surtout lorsqu'il s'agit d'objets aussi évidents, aussi propices aux penchants conservateurs que les maisons et les appartements.

Alors que le vaporetto l'éloignerait peu à peu du jardin, elle songerait encore une fois, c'était devenu son obsession, à ces choix, ces milliers de choix des organismes de logement social et des promoteurs privés, qui construisaient inlassablement les mêmes formes dans les mêmes non-couleurs. Nos édifices contemporains seraient encore, pour longtemps, abominablement *ternes* cependant que *trop* d'architectes resteraient inemployés. Le clapotis de l'eau, noire ici, argentée là, bleu-vert à l'horizon, bercerait sa pensée et ses amours.

La sous-préfète était venue demander au secrétaire général de l'aider à persuader le préfet de signer avant son départ deux lettres très fermes, très argumentées, aux ministres de la Ville et du Logement relatives aux démolitions. Elle pensait que ce serait d'autant plus utile qu'elle n'ignorait pas que le successeur voudrait probablement, selon le rite, prendre le temps de connaître le dossier.

Le secrétaire général l'assura de son soutien.

Il songea qu'il tenait là un prétexte pour appeler le préfet et qu'il en profiterait peut-être pour lui glisser un mot des événements du début de l'après-midi. Il ne cessait d'y songer. Il se souvenait que l'ermite urbain n'aimait pas l'Ecclésiaste, ou plutôt – c'était une subtilité importante – qu'il n'aimait pas que l'on se réclamât de ce livre pour justifier la vanité de tous les actes humains.

Il avait eu d'amples conversations avec lui à ce sujet. L'idée lui traversa une nouvelle fois l'esprit que l'ermite urbain était peut-être l'instigateur, voire le complice, de l'incroyable action par laquelle le précieux livre s'était trouvé transporté sur son bureau, ouvert, comme par hasard, à la page où s'inscrivaient les formules fatidiques. Cela expliquerait l'air bizarre qu'avait eu l'ermite lorsqu'il lui avait restitué l'ouvrage.

Le secrétaire général voulait en avoir le cœur net. Il imagina qu'il descendait quatre à quatre les marches de la préfecture, haletant, qu'il courait vers le sanctuaire, en ouvrait toutes grandes les portes, apercevait un rai de lumière tombant d'un vitrail peuplé de myriades de poussières folles et, hébété, entendait distinctement la voix de l'ermite urbain qui conversait avec une autre voix, qu'il connaissait parfaitement.

Le secrétaire général transpirait. Son angoisse était si perceptible que la secrétaire et la sous-préfète éprouvèrent un sentiment de malaise qu'elles ne purent refréner.

La secrétaire, qui était intriguée par les événements de la journée, poursuivait ses investigations et scrutait le corps de la sous-préfète non pas pour connaître la vérité mais, comme on le fait souvent, pour conforter ses thèses.

CHAPITRE 13

Cette histoire n'allait pas de soi. La sous-préfète à la ville savait, depuis sa plus tendre enfance, que la gauche devrait toujours mener combat. Les métaphores guerrières, si fréquentes dans le vocabulaire politique, ne l'effarouchaient pas. Elle savait, d'instinct, que rien ne serait jamais définitivement acquis. Ses parents avaient parcouru à vélo des cantons entiers pour faire signer des pétitions pour l'école publique. Ils avaient connu les réunions enfumées, les congrès, les distributions de tracts au petit matin. Leur parti était une autre famille, où l'on parlait fort, où les rivalités étaient tenaces, mais où les épreuves, les humiliations, les victoires, les vicissitudes de toute sorte avaient forgé de solides camaraderies.

La sous-préfète détestait les connivences qui se développaient au sein de la classe politique, et dont elle était le témoin chaque jour.

Les compagnons de ses parents étaient ses frères et ses sœurs. C'était une relation presque physique.

On s'embrassait. On se serrait les coudes. On buvait le même vin.

Elle faisait partie de ceux qui savaient qu'ils ne voteraient jamais contre leur camp (un vote récent avait suscité en eux une douleur durable) et qui n'avaient rien à voir avec les adeptes du consumérisme électoral – ces *zappeurs* invétérés qu'elle considérait comme des gens sans foi ni loi.

Elle était pétrie de convictions. Dans son logement de fonction, elle pleurait de rage, le soir, en se remémorant les symptômes de l'inertie ambiante. Elle craignait de n'être pas faite pour ce métier. Elle se souvenait de solidarités perdues, inévitablement associées au goût du café, à l'odeur de la fumée, à celle des tracts et des journaux, à peine imprimés, dont l'encre déteignait sur les doigts, et à lui, son premier amant, qui l'avait embrassée sur les lèvres un soir d'élections, en sortant d'une salle, médusée, électrisée, abasourdie.

Qu'elle pût aimer le directeur de cabinet lui était d'abord apparu comme relevant de la moins pardonnable des trahisons. Elle avait, plusieurs semaines durant, refusé d'admettre cet amour, qui lui donnait froid et chaud dans le dos. Elle se rebellait contre lui, redoublait d'agressivité, piétinait longuement le plancher de sa chambre.

Lui ne se posait pas de question.

Elle s'indignait du bloc de certitudes qu'il avait toujours été, et qu'il restait. Elle avait vainement cherché la faille. Elle avait hurlé.

Lui, stoïque, avait dit que *tout cela n'était rien*, qu'il fallait dissocier la passion et les choix politiques.

Il n'imaginait pas que cette passion pût influencer si peu que cela fût ses convictions intimes. C'étaient deux sphères différentes qui ne se rencontreraient jamais.

Elle, elle n'imaginait pas un seul instant une telle dissociation.

Au cœur le plus intime de l'amour, à la commissure de leurs corps battants, ils voyaient bien que tout leur échappait, que leur amour devenait une machine déréglée, une course folle où des chevaux détalaient à toute vitesse, couverts d'écume, le mors aux dents, jusqu'à la mer, qui les submergeait avec ses vagues vertes et bleues, et leur goût de sel.

Parfois, elle se détachait brutalement.

Un soir, elle avait tourné le dos au bloc de certitudes.

Le matin, elle le retrouvait par intermittence, vulnérable. C'est alors qu'elle l'aimait le plus. Elle aimait son abandon.

La nudité, non pas la nudité triomphante des premiers désirs, mais la nudité ensommeillée des matins d'amour le dépouillait, pour un temps, de ses certitudes.

La secrétaire poursuivait son examen. Elle fut prise d'un doute. Ce roman n'existait peut-être que dans son imagination. Le propre des romans, c'est qu'ils n'existent pas. Son intuition faiblissait, de même que le bloc de certitudes fondait le matin.

Le secrétaire général avait retrouvé ses esprits. Il regardait la secrétaire. Il trouva que son attitude à l'égard de la sous-préfète était quelque peu équivoque. La preuve qu'il allait mieux, c'est qu'il en conçut un léger sentiment de jalousie.

Il se mit à pleuvoir.

CHAPITRE 14

« *Ils vont dépecer l'État !* » annonça l'administrateur civil dès le début de la conversation téléphonique que le secrétaire général avait enfin accepté d'avoir avec lui. « *Ils vont le dépecer !* » répéta-t-il.

Ce haut fonctionnaire était atteint d'un grand trouble depuis qu'il avait eu connaissance de l'avant-projet de loi constitutionnelle que le gouvernement devait, après quelques ultimes modifications, soumettre au Conseil d'État.

Le secrétaire général était resté le confident de l'administrateur civil, qui lui exposait inlassablement ses états d'âme. La relation n'était pas équilibrée. Le secrétaire général trouvait que son ancien condisciple était trop bavard, qu'il abusait de sa patience. C'était pourquoi il différait sans cesse sous les prétextes les plus divers, ou même sans prétexte, le moment de le *prendre* au téléphone.

Mais, contrairement à l'ordinaire, cette fois, le discours de son interlocuteur ne le laissa pas insensible.

L'administrateur civil voyait dans le futur projet de loi les germes, et plus que les germes, d'un démantèlement de l'État. Déjà, les citoyens n'y voyaient pas clair dans l'édifice tortueux de la décentralisation. C'était, on le sait, un inextricable enchevêtrement, une abondance de financements croisés, un vrai fouillis avec des fils et des contre-fils qui pendaient de toute part. Et voilà qu'on s'apprêtait à donner le coup de grâce : sous couvert d'expérimentations, dont on ne saurait jamais quel serait le terme, on prévoyait de doter chaque collectivité de la capacité d'exercer tout ou partie d'une ou de plusieurs compétences de l'État. L'administrateur civil avait assisté à quatre réunions interministérielles. Il en avait retenu qu'il était *hors de question* de définir préalablement les compétences de l'État comme un bloc, un fondement, un socle dont il serait clair qu'il lui revenait en propre. C'eût été, lui avait-on répondu, car il avait poussé l'audace jusqu'à poser deux fois la question, obérer dès le départ une démarche que l'on voulait souple, ouverte, ambitieuse et conviviale à la fois. Il ne fallait pas qu'il y eût, et il n'y aurait pas, de tabou. L'administrateur civil éructait. Il voyait l'État, le pauvre État, se réduire comme peau de chagrin. Il voyait les nouveaux *féodaux* – certes démocratiquement élus – fondre sur lui, se partager ses dépouilles. C'était une opération de *dépeçage* – il répétait ce mot –, où les collectivités se serviraient à leur guise. Encore était-il aventureux de parler des collectivités comme d'entités claires et définies, car celles-ci devenaient également l'objet des expérimentations à venir. L'une pourrait être remplacée par une autre.

Deux pourraient n'en faire qu'une. Trois autres en feraient une autre qui pourrait, expérimentalement, se substituer à l'une d'entre elles. Et ainsi de suite. On plaidait la fluidité. Ce serait un grand désordre où des collectivités indistinctes exerceraient des compétences indistinctes. Le principe d'égalité en prendrait un sacré coup. Comment compenser cet entrelacs de transferts singuliers ? Comment accroître la péréquation aujourd'hui déjà si *faiblarde*, dans ce fabuleux bric-à-brac au sein duquel, comme toujours, les plus riches tireraient le mieux leur épingle du jeu ? C'était lui, le secrétaire général, qui avait coutume de dire : « La décentralisation devait se fonder sur la séparation des pouvoirs, chère à Montesquieu ; elle a, en réalité, entraîné la *dilution des pouvoirs.* Avec les nouvelles lois, n'en doutons pas, cela allait *croître* et embellir. »

Tour à tour surpris, intéressé, séduit, lassé et irrité par ce discours, le secrétaire général ne put s'empêcher de tancer son camarade quoique, au fond de lui-même, il approuvât certaines de ses appréhensions.

Il lui reprocha de donner à ses propos un tour apocalyptique, de voir des catastrophes là où il s'agissait d'assouplir le système et de favoriser l'innovation. Il lui fit valoir que l'expérimentation avait du bon, comme on l'avait bien vu avec les transports ferroviaires régionaux, qu'il était absurde de vouloir toujours appliquer instantanément de vastes machineries législatives à l'ensemble du territoire et à la totalité des citoyens, sans se mettre d'abord en état de juger des effets des dispositions projetées sur une part restreinte de la population ou du territoire.

L'administrateur civil pensa que la défense du gouvernement en place était devenue, chez le secrétaire général, une seconde nature. En tout cas, ce dernier en eut le sentiment. Un court instant, il se souvint des analyses si fines de son amie sur les conversations, leurs présupposés, leurs *non-dits*, les subtiles stratégies des protagonistes. Il fut mal à l'aise. Il savait que son interlocuteur déversait comme un flot les angoisses qui traverseraient tout le corps préfectoral, et qui déjà l'habitaient. Et que, au-delà, cela touchait à des choses essentielles. La France est un pays cartésien. Il ne se réduit certes pas au cartésianisme. C'est aussi un pays convulsif, révolutionnaire, qui aime les foucades. Mais les foucades, les saccades, les convulsions et la révolution même n'existaient, ne pouvaient exister, que parce que le cartésianisme restait dans les têtes, comme un substrat. On s'y accrochait. On s'y référait. Il était la condition de sa propre mise en cause, du débordement, du désir d'un autre ordre, qui restait, indéfectiblement, un *ordre*. L'anarchie seule était, comme l'antimatière, l'irréductible négation de l'ordre même et, par voie de conséquence, le soleil absolument noir, au sens où ce noir-là n'est pas une couleur, mais l'absence de couleur, et d'abord de la couleur noire en ce qu'elle porte en elle les reflets, le velours et la moire. La France est le pays de l'idée claire. Elle a lu Boileau. Son État s'énonce distinctement avec ses préfectures et ses sous-préfectures, ses départements et ses arrondissements, ses directions et ses subdivisions, ses lois, ses décrets et ses circulaires d'application. Chaque chose est à sa place. C'est le règne du non-empiétement. C'est un jardin à la française. Il est au cordeau. Cela nous rassure. Et nous repose.

François Mitterrand nourrissait une froide colère contre l'État gaullien, dont les préfets tout-puissants étaient une sensible humiliation pour les élus locaux. Il avait voulu une décentralisation qui s'appuyât essentiellement sur la commune et le département, même si la région y avait sa place. Les lois Defferre avaient remplacé un jardin à la française par un autre jardin à la française. On s'y retrouvait. Ce n'est que plus tard que la complexité avait pris le dessus. On imputa ce surcroît de complexité à Michel Rocard, inventeur des *contrats de plan*. C'était oublier que les *contrats de plan* sont la seule forme de planification qui ait eu de l'effet en France, justement parce qu'il s'agit de *contrats*. L'erreur, ce fut de ne pas s'en tenir à des contrats-cadres. Ce fut de multiplier à l'infini les conventions. Ce fut la dérive des compétences. Et aujourd'hui, au lieu de préciser les choses, de dire enfin qui fait quoi lorsqu'il faut le dire, et le temps en est grandement venu, on nous propose de généraliser la confusion, non pas par goût du brouillage ou par désir de désordre, mais en vertu de la croyance en la « main invisible » qui transformera les concurrences entre les collectivités, leur course à l'échalote pour se partager les dépouilles de l'État, leurs inégales compétitions et leurs marchés de dupes en la quintessence du bien commun et de l'intérêt général *bien compris.*

« On se reverrait, on en parlerait, il fallait être vigilant, il voulait qu'il fût le premier à savoir tout cela. » L'administrateur civil achevait difficilement la conversation. Le secrétaire général, lui, répondait mécaniquement aux formules de politesse finales, tout en « *ballottant de mornes pensées* », comme l'a écrit Jean-Paul Sartre. Il n'avait pas de doute. La complexité s'ajouterait à la complexité. Le rôle de l'État ne serait plus défini, ce qui était contradictoire dans les termes.

Il songeait à d'étranges physiques où les sphères et les espaces perdaient leurs contours, où la même substance colloïdale les mêlait les uns aux autres jusqu'à ce qu'ils n'eussent plus d'identité.

Il se disait qu'il en allait de même avec les paroles échangées. Son discours et celui de l'administrateur civil n'étaient pas deux entités distinctes. Celui de l'ancien député, comme celui de la sous-préfète, celui de son amie, celui (même) de l'ermite urbain, de tant d'autres, n'étaient pas non plus des entités isolées. Le langage était une mer primitive. Depuis le début des temps, il s'invitait dans les esprits, les imbibait. La parole, les paroles surgissaient comme des vagues, des brisures, des éclats de lumière blanche. Les paroles d'autrui sont aussi les nôtres, et nous vivons dans leurs paroles. Y a-t-il illusion plus grande que celle du parleur solitaire ? Mes mots sont les vôtres, et les vôtres sont les miens.

Il flottait. Il y avait de moins en moins de frontières entre les faits et les discours, entre les paroles et les pensées, entre les propos des uns et ceux des autres. Le *style indirect libre* et ses succédanés faisaient des ravages.

Il se disait qu'il faudrait un narrateur pour remettre de l'ordre dans les esprits et dans le récit, comme il y a des préfets pour veiller à la loi républicaine du non-empiétement et comme il y a des jardiniers pour surveiller les plates-bandes.

Dehors, le jardin était toujours aussi impeccable. Il se mit, à nouveau, à rêver à des flores insoupçonnées, à des légumes exotiques et à des végétaux prolifiques qui, encore et toujours semblables aux araignées de Baudelaire – cela revenait, c'était décidément l'une de ses obsessions –, envahiraient son cerveau.

CHAPITRE 15

Le *rendez-vous* suivant attendait. C'était le maire de l'une des villes périphériques du chef-lieu qui venait préparer avec le secrétaire général l'inauguration par le préfet – le *nouveau* préfet – du complexe sportif de la commune. Le maire, dont c'était la première inauguration, avait tenu à être reçu. Le secrétaire général n'avait pas pu l'orienter vers le sous-préfet d'arrondissement puisqu'il exerçait lui-même la tutelle – disons, le *suivi*, depuis que les lois de 1982 avaient renvoyé la tutelle dans les oubliettes du droit administratif – des communes appartenant à la communauté d'agglomération.

Au moment où le maire entra dans son bureau, le secrétaire général songeait justement à la bizarrerie de ces circonscriptions administratives qui comptaient toutes les communes d'un arrondissement à l'exception de celles qui étaient agglomérées autour de la ville chef-lieu, et de cette ville elle-même. C'étaient des circonscriptions trouées auxquelles on avait parfois accolé des noms rustiques – il y avait ainsi un sous-préfet de « Metz campagne » –, mais dont la constitution même était un non-sens, car tout était lié dans les territoires, l'urbain, le périurbain, le *rurbain*, le rural même, tout existait d'un même tenant, fonctionnait d'un même mouvement. L'incongruité ne se justifiait que par la nécessité de conforter la fonction de secrétaire général, dans la hiérarchie des postes sous-préfectoraux, par rapport à celle de sous-préfet d'arrondissement.

Le maire exposa en détail le cérémonial qu'il prévoyait pour l'inauguration : coupure du ruban, dévoilement de la plaque, démonstrations sportives, discours, vin d'honneur. Il était préoccupé. Il craignait que la manifestation ne durât trop longtemps et que cette durée ne fût incompatible avec les obligations du préfet. Le secrétaire général le rassura. Le maire craignait de froisser la susceptibilité des élus qui voudraient tous parler. Il imaginait l'irritation du président du conseil général à l'idée qu'un simple conseiller régional pût parler après lui, et avant le préfet, au motif qu'il représenterait le président de la région, et que la région avait largement financé le nouveau complexe. Le secrétaire général le rassura : comme le président du conseil général était, de surcroît, parlementaire, il parlerait après l'élu régional sans que cela pose le moindre problème. Le maire s'inquiétait également de la frustration possible du conseiller général du canton qui lui avait dit qu'il ne pourrait pas parler puisque l'usage était qu'un conseiller général ne parlât pas quand le président de l'assemblée départementale s'exprimait, et qu'il en serait marri, car il s'était beaucoup battu, lui, pour cette réalisation. Le secrétaire général se voulut rassurant ; il dit qu'on arrangerait cela, comme souvent, sur place. Le maire évoqua enfin le cas du président de la communauté d'agglomération qui ne figurait dans aucun des décrets relatifs au protocole et qui, nonobstant le fait que son assemblée n'avait rien versé, voudrait sans doute parler, ne serait-ce que pour affirmer son autorité qu'aucune élection au suffrage universel direct n'avait légitimée. Le secrétaire général répondit, pour la seconde fois, qu'on verrait cela sur place.

Le secrétaire général jugeait qu'il y avait beaucoup de suffisance dans ces conceptions en vertu desquelles le droit à la parole était indexé sur le montant des versements effectués. Il revint sur ce qu'il avait déjà dit – c'était un métier qui appelait les répétitions – à savoir que, transitât-il par la commune, l'intercommunalité, le département, la région, la nation ou l'Europe, l'argent des subventions était toujours issu de la poche des contribuables dont ils étaient tous, qu'ils fussent élus ou membres du corps préfectoral, les *très humbles serviteurs*.

Il se souvint soudain d'une scène qui lui fut longtemps insupportable. Il faisait ses premières armes de sous-préfet dans un département de taille moyenne. Les lois de décentralisation étaient en vigueur depuis quatre ou cinq ans. Lors de l'inauguration d'une école primaire, le président du conseil général s'était tourné vers lui avec condescendance : « *Et vous, monsieur le sous-préfet, qu'avez-vous apporté ?* » avait-il dit après avoir rappelé les concours gratifiants du département et de la commune et avant de proférer quelques phrases peu amènes sur le rôle de l'État, qui n'avait fait que mettre des bâtons dans les roues et retarder l'ouverture de la nouvelle école.

Tout autour, la plupart des maires du canton renvoyaient au président un air entendu, et plusieurs acquiesçaient bruyamment.

Le jeune sous-préfet qu'il était ressentit un profond sentiment d'humiliation mêlé de rage.

Lorsque vint son tour de parler, alors que l'auditoire pensait que la messe était dite, tant la personnalité du président du conseil général était forte et apparemment incontestée, le sous-préfet rappela que les instituteurs et institutrices (on ne parlait pas encore de *professeurs des écoles*) étaient, et resteraient, payés par l'État et que, si désormais les conseils locaux versaient directement les subventions aux communes, c'était en raison de la volonté farouche qu'avait eue le gouvernement qu'il représentait de rompre avec un centralisme révolu, malgré les vives oppositions de ceux qui avaient jugé que cette réforme n'était pas opportune. Au moment précis où il prononçait ces derniers mots, il tourna son regard, en un mouvement ferme et furtif à la fois, vers le visage éternellement satisfait du président qui, au Parlement, s'était opposé à toutes les lois de décentralisation. Les applaudissements furent courtois. On passa à autre chose.

« Tout se passera bien, je n'en doute pas. » Le secrétaire général n'en finissait pas de rassurer le maire de la commune périphérique. Il ne savait pas, à vrai dire, quelles étaient les habitudes du nouveau préfet, puisque ce serait sa première inauguration dans le département.

Il voyait déjà les élus se pressant dans l'ordre protocolaire ou non (certains jouaient mieux des coudes que d'autres) autour du nouveau représentant de l'État, derrière le cordon tricolore tenu, de chaque côté, par des petites filles modèles – ou narquoises, c'est selon – et devant les photographes, les uns fixant les objectifs, le sourire apprêté, la mine avantageuse, les yeux suffisamment ouverts, avec, depuis des années, le même rictus, les autres, plus professionnels quoi qu'on en crût, trouvant naturellement la posture modeste et avantageuse à la fois, ne donnant pas au commun des mortels le sentiment de se savoir photographiés, laissant un doute s'immiscer toutefois dans le regard des véritables connaisseurs, d'autres encore, les yeux écarquillés, en faisant trop de peur qu'on les oublie, parlant fort, proférant des truismes, serrant les mains ostensiblement, et se figeant soudain au moment de la prise de vue, les yeux enflés de surabondante sympathie.

Il les regardait, là, cambrés, arc-boutés sur leurs chevilles, ou déjà un peu voûtés, l'œil vide ou conquérant et il se disait – vraiment – qu'il les aimait, eux, ces fantassins des collectivités locales, ces sentinelles de la démocratie territoriale, ces gardiens de la décentralisation, avec leur incroyable dévouement, leur amour de chaque commune, quelle qu'en fût l'importance, leurs gloires et leurs vanités, leur souci d'eux-mêmes aussi, leur obstination à *être*, à *rester*, à accomplir des œuvres, fussent-elles aussi prosaïques que des vestiaires sportifs ou des préaux d'école, qui *seraient*, qui *resteraient* après eux, avec lesquelles ils faisaient corps, et continueraient de faire corps.

L'ancien député avait souvent parlé au secrétaire général de cet obscur sentiment : des vieilleries, disait-il, la peur de la mort, le goût de vivre, la volonté de survivre, de se prolonger, et cette insatiable *vanité des vanités* qui fait que l'on dira forcément un jour que l'on fut l'auteur de cette route ou de ce chemin à ce jeune homme pressé qui n'entendra rien, qui ne voudra rien savoir, et que l'on sera alors, toutes proportions gardées, comme ce président de la République qui parlait à un adolescent d'autrefois de cet immense pharaon dont il ne reste que le nom, dont les savants sont les seuls à savoir le nom, et qui lui parlait aussi de l'innombrable cohorte de ceux dont il ne reste rien, et qui s'interrogeait sur cette rage d'inscrire un nom sur un peu de terre pour un peu de temps. Un nom, c'est-à-dire cette substance sonore, mais aussi graphique, qui est différente de l'être qu'il désigne, totalement différente, qui est arbitraire, qui illustre à un suprême degré la théorie de l'*arbitraire du signe*. Il songeait à son nom, l'ancien député, un nom inscrit sur les bulletins de vote que mille mains prendraient sur les tables avant d'entrer dans l'isoloir, à cette substance sans laquelle il ne serait pas, sans laquelle il se dissoudrait dans un magma, une coulée de lave, et qu'il considérait, certaines nuits, comme un étranger qui serait entré en lui par effraction.

CHAPITRE 16

Le secrétaire général avait obtenu du préfet qu'il signât avant son départ la lettre relative aux crédits de la politique de la ville à laquelle la sous-préfète tenait tant. Mais il n'avait pas osé lui parler de l'incident que l'on sait.

Raccrochant son combiné, le secrétaire général ne voulait déjà plus penser à cette ultime dérobade. Il savait pourtant que celle-ci ne cesserait d'occuper les tréfonds de son esprit, comme une rivière souterraine, dont les flots enflent jusqu'à la résurgence.

Mais, dans l'instant, il se croyait être tout entier à la politique de la ville et à la sous-préfète. Il songeait que les villes et leurs quartiers *dégradés* restaient les mal-aimés de nos institutions publiques, bien que chaque responsable, du ministre au sous-préfet, annonçât immanquablement le contraire. La France demeurait un vieux pays rural. Nos institutions n'avaient pratiquement pas été affectées par la révolution urbaine qui avait marqué le dernier siècle.

Le secrétaire général récapitulait. Trente-six mille sept cents communes, et autant de maires, pesaient d'un poids énorme dans l'appareil institutionnel français. Cent un conseils généraux, dont les membres étaient élus dans des cantons majoritairement ruraux, représentant bien l'espace et médiocrement la population, pesaient d'un poids à peine moins lourd. Bien que le canton urbain n'eût plus aucune réalité pour personne dans les grandes villes, on continuait de solliciter tous les six ans les électeurs habitant en son sein pour qu'ils désignassent leur conseiller général. Le conseil régional élu sur une base départementale était souvent plus départementaliste qu'on ne le disait. Dans leur majorité, les sénateurs représentaient la quintessence des communes rurales et des cantons ruraux. L'Assemblée nationale, elle-même, était composée d'une grande majorité d'élus issus de circonscriptions rurales, ou comportant une partie rurale, ce qui transformait peu ou prou la majorité des députés, même ceux de villes, en élus des campagnes. Ils n'étaient qu'une petite proportion à ne devoir leur siège qu'à des électeurs urbains.

« … Et pourtant, plus de quatre-vingts pour cent des Français vivent dans les villes ! » se répétait le secrétaire général, qui était persuadé qu'il fallait voir dans cet étonnant décalage la principale explication au fait qu'en dépit des discours convenus il était toujours très difficile d'obtenir les crédits nécessaires pour refaire, refaire profondément, les quartiers des villes qui devaient l'être. Personne n'était responsable ni coupable. C'était un effet de la structure. Le décalage institutionnel était le fruit de la démission, de l'incapacité ou, plus sûrement, du manque de courage des décideurs. Pendant trop longtemps il avait été impossible – ce l'était encore – d'accroître la dotation de solidarité urbaine sans augmenter à due concurrence une dotation dite de solidarité rurale, qui s'éparpillait en mille miettes offertes à trente-deux mille communes. Ou davantage. L'édifice, si complexe, des dotations de l'État s'était figé en une épouvantable immobilité. La France adorait se regarder dans de vieux miroirs.

Et, en même temps, il savait combien, quels qu'ils fussent, tous les Français étaient attachés au monde rural et que l'avenir de la ruralité, la diminution du nombre des agriculteurs, la difficulté qu'il y avait à installer des jeunes, étaient de vrais enjeux.

L'ancien député avait souvent évoqué devant le secrétaire général le paradoxe que constituait la sous-représentation de la France urbaine au sein de l'appareil politique doublé d'un autre paradoxe qui tenait à la très faible représentation, au sein des instances censées représenter les espaces urbains, des quartiers populaires, des banlieues, dont les habitants vivaient dans des logements sociaux en mauvais état : il lui avait ainsi montré, chiffres à l'appui, que dans la plupart des grandes villes ces quartiers comptaient relativement peu de conseillers municipaux, beaucoup moins en tout cas que les centres-villes. La désaffection des populations concernées pour les urnes trouvait là une explication : alors que le moindre village peut s'identifier à son maire, des quartiers immenses n'ont qu'un nombre faible, voire dérisoire, d'élus.

La secrétaire venait de passer la tête. L'administrateur civil avait rappelé, l'ancien député aussi, la prochaine réunion devait commencer dans quelques minutes.

Ce n'était pas dans sa nature, mais pour la première fois de la journée le secrétaire général éprouva un sentiment non pas de lassitude, ni de trop-plein, mais d'impuissance. Il vit, physiquement, les réunions affluer, la prochaine, la suivante, celles des jours prochains et des jours suivants. Il y aurait la commission départementale des sites, la commission départementale des carrières, celle des objets immobiliers, la commission d'élaboration du plan de protection de l'atmosphère (prévue par le décret du 25 mai 2001, se souvint-il en même temps que lui revenait en mémoire l'inoubliable formule « *dit le Hutin* » au milieu du poème de Prévert), la commission départementale d'aménagement foncier, le comité départemental de protection animale, la commission départementale d'organisation et de modernisation des services publics, le conseil départemental de l'habitat, le conseil départemental d'insertion, la commission départementale de l'action touristique, la commission départementale d'indemnisation des dégâts du gibier, le comité départemental d'accès au droit, et tant d'autres. Il imaginait vaguement les conseils interministériels convoqués pour préparer les projets de loi prévoyant *in fine* avec l'assentiment de tous et dans l'indifférence générale la création d'une nouvelle instance qui serait homothétiquement nationale, régionale et départementale, pour assurer le suivi de l'application de la future loi. Tout cela dégoulinait de bonnes intentions, et il sentait à nouveau la transpiration envahir les pores de sa peau, se répandre et recouvrir son être d'une substance hostile qu'il ne supportait pas.

C'est alors que tout se brouilla pour lui pendant quelques instants qu'il vécut comme un morceau d'éternité coupé du temps et qu'une chanson qui le hantait depuis des années lui revint en mémoire, une chanson qui ne le quitterait plus et qui, à partir de ce jour, serait toujours là (*elle l'était déjà*) dans un repli, au « *recreux* » – comme l'écrivait le poète déjà évoqué – de son être conscient ou non, une chanson de grand vent qui lui permettait de sortir de la paranoïa, mais, en même temps, n'enlevait rien au sentiment qu'il éprouvait, qui n'était pas de mélancolie, car celle-ci a une couleur d'automne, mais de vacuité.

On voyait les chevaux de la mer
Qui fonçaient la tête la première
Et qui fracassaient leur crinière
Devant le casino désert
La barmaid avait dix-huit ans
Et moi qui suis vieux comme l'hiver
Au lieu de me noyer dans un verre
Je me suis baladé dans le printemps
De ses yeux taillés en amande
Ni gris ni verts, ni gris ni verts

Comme à Ostende et comme partout
Quand sur la ville tombe la pluie
Et qu'on se demande si c'est utile
Et puis surtout si ça vaut le coup
Si ça vaut le coup de vivre sa vie

Ostende, port sans couleur, lieu géométrique des vides de l'âme, mer immense et grise, ciel immense et mouillé, plage immense et vide, maisons, bâtiments, grands bateaux rouillés et aussi – et là, c'est un coup de génie – le casino désert. On l'imagine, le casino avec son grand hall, ses salles, ses estrades, ses tables, *faites vos jeux*, ses boules, ses comptoirs, ses buvettes, son fric, ses vestiaires, son affluence. Eh bien, *nada*, rien. Désert, le casino. Et lui, l'encore secrétaire général, paraphrasant. La paraphrase, c'est la tristesse même, l'écho du vide.

Il ne fallait bien sûr pas céder à l'illusion, on n'était pas à Ostende. Ce n'était pas Ostende, un port et un nom auxquels on aurait pu se raccrocher. D'autant plus qu'il y avait l'*amande*, les *yeux en amande*, la *barmaid* et ses *dix-huit ans*. Et que seuls les imbéciles et Sully Prudhomme croient à l'innocence de la rime. Les rimes sont toutes charnelles. Non pas en vertu d'un *cratylisme* primaire, mais parce qu'elles sont une autre part de la geste syntaxique, de l'œuvre d'écrire, indissociable de l'autre, produisant avec elle la même « *tapisserie* ». Oui, encore lui !

Nonobstant la rime donc, ça ne se passe pas à Ostende. C'est *comme* à Ostende. L'auteur, Jean-Roger

Caussimon, nous laissera éternellement orphelins de l'autre terme de la comparaison. Circonstance aggravante, c'est, également, *comme partout.* La seule réalité à laquelle se raccrocher ce sont, en conséquence, les yeux de la barmaid, dont on ignorera éternellement la couleur à ce détail essentiel près qu'ils ne sont *ni gris ni verts. Ni gris ni verts comme à Ostende*, où il n'y a pas de couleur, où les seules couleurs sont celles qui ne sont pas là, dans ce lieu obsédant qui est partout et qui est nulle part.

Il y aurait encore les vitrines, les présences féminines, un limonaire et *cet air du tonnerre, à vous faire chialer tant et plus.*

C'était une chanson inspirée, métaphysique, qui l'emportait, le débarbouillait de la moiteur chaude qui l'enveloppait.

Plus il y réfléchissait, plus il se persuadait que l'interprétation de Catherine Sauvage était finalement meilleure que celle de Léo Ferré lui-même.

Les gens croyaient que l'auteur en était Léo Ferré. Lourde erreur ! L'auteur, c'était Jean-Roger Caussimon.

CHAPITRE 17

La compagne du secrétaire général revenait de Paris par le train, l'esprit occupé par ce qu'elle avait entendu au cours du séminaire auquel elle avait participé durant toute la journée. C'était un train classique, les démarches des élus pour transformer la ligne de manière qu'elle accueillît des trains à grande vitesse étant restées vaines.

Pour la millième fois, elle se demandait si elle avait eu raison de choisir ce sujet de thèse : *Naissance et mort du structuralisme au XX*[e] *siècle*. Son patron, l'un des pontes de l'intelligentsia parisienne, était partisan de sujets amples. Nul n'osait contester ouvertement le choix qu'il avait fait – car c'est lui qui l'avait fait –, même si certains ne se privaient pas d'affirmer dans leurs cercles que *ce n'était pas raisonnable*. En un mot, ils l'attendaient au tournant. Elle, comme tous les auteurs de thèse, avait fini par haïr son sujet. Un beau sujet pourtant. On aurait pu en faire une grande thèse d'autrefois, mais on avait, entre-temps, eu l'idée salutaire de mettre fin à ces pensums qui épuisaient, et trop souvent stérilisaient les impétrants !

Et puis ce sujet n'était pas aussi vaste qu'on aurait pu le croire de prime abord. Il ne s'agissait que de deux épisodes : naissance et mort. Il fallait guetter les failles, les ébranlements, les basculements, les fulgurances, les « *départs en falaise* » qui avaient rendu possible l'émergence de cette nouvelle méthode dans une discipline, puis sa diffusion à l'ensemble du champ des sciences dites humaines et sociales. Il fallait ensuite, ou plutôt simultanément, étudier comment le mouvement inverse s'était effectué. Y avait-il des similitudes insoupçonnées qui éclaireraient les deux termes de cette étape de l'histoire intellectuelle ? Mais pouvait-on parler d'*étape de l'histoire intellectuelle* sans tomber fâcheusement dans la visée téléologique contre laquelle le structuralisme s'était inscrit d'emblée ? Était-il possible de définir sa naissance et sa mort en des termes congruents avec ce qu'il était ? En un mot, s'expliquait-il lui-même ?

Beaucoup d'autres questions hantaient les songeries de la compagne du secrétaire général cependant que le train se frayait son sillon entre la pénombre et les lumières, avec un vrombissement familier, presque continu, qui se transmettait à son être et la berçait.

À mesure qu'on s'approchait de la destination, ses pensées se déplacèrent vers la classe administrativo-politique de la ville qu'elle avait habitée jusqu'aux dernières années, une ville moyenne qui était jalouse de l'ombre qu'était censée lui faire – ou qu'elle craignait, à tort, que lui fît – la préfecture de région. Ces susceptibilités lui paraissaient vaines. Elle n'avait, en revanche, aucun mépris, tout au contraire, pour les cadres de l'administration et les élus qu'elle côtoyait. Il y avait beaucoup de *gens bien*, à côté de quelques nuls, de quelques corrompus et de deux ou trois personnages imbus d'eux-mêmes, qu'elle trouvait passablement ridicules. Du côté des *gens bien*, qui étaient la majorité, elle mettait les rêveurs, les entrepreneurs, les utopistes et ceux qui *se cassaient le tronc* (c'était son expression) pour réduire la *misère sociale.*

Sa conviction, qu'elle avait déjà exposée à satiété au secrétaire général (*il fallait qu'il l'aime*), c'était que nombre d'entre eux méconnaissaient le poids des structures et ignoraient que toute l'énergie qu'ils déployaient, et qui était grande, n'avait pour seul effet que de faire tourner, éventuellement à vide, des moteurs qui étaient emboîtés dans des systèmes de moteurs et composaient (dans son phantasme) d'immenses toiles d'araignées *peuplées* de ventilateurs et de courroies. Elle avait, elle aussi, lu Baudelaire.

Toute cette machinerie vrombissait bien davantage que le train, ou par moments, et c'était pire, tournait en mille mouvements inverses qui s'équilibraient dans un silence de mort.

Elle eut l'idée d'appeler le secrétaire général avec son portable. Et, bien qu'elle n'y eût pas prêté attention jusque-là, elle se rendit compte qu'elle n'était pas la seule à avoir eu cette idée. Nos trains deviennent, eux aussi, des lieux d'incessants babillages. Nous n'ignorons plus rien des problèmes intimes de nos compagnons de voyage, ni de ce qu'ils mangeront pour le dîner. Ils téléphonent pour dire qu'ils prendront la baguette en passant, comme tous les soirs.

Le secrétaire général eut un choc en l'entendant lui dire qu'elle revenait de sa journée de séminaire à Paris. Il n'avait donc pas déjeuné avec elle. C'était le signe irréfutable que l'autre hypothèse était la bonne. Et, puisqu'il n'était pas rentré chez lui, il n'avait pas pu apercevoir à son retour l'ermite urbain ni converser avec lui.

Tout cela devenait lourd.

CHAPITRE 18

Il restait au secrétaire général à présider la dernière réunion de la journée avant la rencontre que chacun attendait et qui rassemblerait une dernière fois les membres du corps préfectoral auprès du préfet.

Dans une préfecture, tout tourne autour du préfet. Il est comme la reine des abeilles. Celui-là, on le sait, était peu loquace. Le secrétaire général, mais aussi la sous-préfète, le directeur de cabinet et même les sous-préfets territoriaux l'imaginaient tous au même moment rangeant ses derniers papiers, signant ses ultimes courriers, préparant suffisamment de notes et de dossiers pour son successeur, mais pas trop : on est susceptible dans ce métier et l'on n'aime pas avoir le sentiment d'être chaperonné.

Sur quelle signature s'achèverait une longue carrière, au cours de laquelle le préfet aurait fait des centaines de milliers de paraphes. C'est un système invraisemblable. Mais c'est ainsi. Périr ou signer. Et, bien sûr, lire avant de signer. Une histoire courait dans le milieu : l'un des collègues du secrétaire général avait réussi à faire signer (le premier jour d'avril, il est vrai) à son préfet un permis de démolir l'admirable cathédrale gothique de la ville où il était en poste. Ledit préfet, qui signait à tour de bras les courriers sans les lire, en songeant à autre chose, ne le lui avait jamais pardonné.

Le secrétaire général ouvrit donc la réunion en songeant qu'il n'avait rappelé ni l'ancien député ni l'administrateur civil, mais qu'il savait trop bien ce qu'ils lui auraient dit. Il l'ouvrit en se remémorant, plus profondément, les événements étranges de la journée. Sa brève conversation téléphonique avec sa compagne avait, en un sens, clarifié les choses, mais, en un autre sens, elle les avait embrouillées. Il se sentait vaguement le jouet de forces qui lui échappaient. Le mouvement de la vie a, cependant, du bon : fixant ses interrogations sur la nouvelle donne, il en venait à oublier l'état dépressif où il se trouvait précédemment.

Une réunion, c'est un ensemble de gens qui ont chacun mille choses dans la tête. Ne croyez pas qu'ils les oublient au motif qu'il y a un ordre du jour. Tout au plus se concentrent-ils sur ce dernier. Mais cette concentration va de pair avec mille dissipations. Qui dira ce que pense vraiment chacun du visage de son vis-à-vis : désirs secrets, ambitions refoulées, agressivité latente ? Qui dira toute la crudité et toute l'obscénité qui occupent les esprits ? Personne. La vie *en société* a ses règles et ses *non-dits.*

Outre l'objet de ladite réunion, ce qui préoccupait le secrétaire général, c'est ce que disaient à son égard le directeur de cabinet et la sous-préfète qu'il avait vus tout à l'heure devisant d'un sujet qui ne pouvait être que lui-même. Ils avaient certainement remarqué ses angoisses.

Sachant, ou pressentant, les relations qu'ils entretenaient, il craignait vaguement qu'ils ne fissent bloc contre lui (même si, connaissant bien les opinions de la sous-préfète, il n'aurait théoriquement pas dû avoir de doute) face au nouveau préfet, dont la biographie, on l'a vu, ne lui disait rien qui vaille et avec lequel, il le savait, le directeur de cabinet entretenait quelques relations et partageait un certain nombre de conceptions.

Bien que tout cela relevât d'hypothèses, d'autant plus fumeuses que le secrétaire général savait pertinemment qu'il ne ferait pas de *vieux os* sur ce poste qu'il occupait depuis plus de deux ans, cela ne manquait pas de l'inquiéter.

Une carrière tenait parfois à peu de chose. Le secrétaire général n'ignorait rien des mille relations qui existaient dans le corps, entre les membres du corps et la direction générale de l'administration du ministère de l'Intérieur, sans compter l'Élysée, Matignon, tel ministre influent. Il mettait cependant à leur juste place les interventions des élus se targuant de *faire sauter* ou de *faire nommer* tel membre du corps préfectoral.

Le secrétaire général devait encore recevoir ce soir-là avant la *réunion d'adieu* le président de la communauté d'agglomération. Un message, transmis en réunion, venait de lui apprendre qu'il s'était décommandé. Le secrétaire général s'en réjouit.

CHAPITRE 19

Chacun se retrouva donc à l'heure dite dans le bureau du préfet, le secrétaire général, le directeur de cabinet, la sous-préfète à la ville, les trois sous-préfets territoriaux et la jeune stagiaire de l'École nationale d'administration.

Le préfet s'inquiéta que chacun fût bien installé, particulièrement les deux dames, et fit servir un apéritif.

Prenant la parole au nom de tous, le secrétaire général dit au préfet en quelques mots choisis qui marquèrent par leur sincérité combien chacun d'entre eux avait ressenti comme un honneur de travailler à ses côtés au service de l'État. Il fit une allusion discrète au drame qui avait éprouvé au plus haut point le préfet deux ans plus tôt. Il lui souhaita une heureuse et surtout une féconde retraite. À vrai dire, le secrétaire général croyait plutôt à la fécondité de cette retraite qu'à un bonheur toujours aléatoire.

Très affable, le préfet se préoccupa à nouveau du sort de chacune et de chacun, des projets, des perspectives.

Il sut prodiguer des mots d'encouragement qui n'étaient ni forcés ni artificiels.

Il en vint à des propos plus généraux. C'était ce que les uns et les autres attendaient – son testament en quelque sorte.

« J'ai servi vingt-trois gouvernements, commença-t-il. J'ai connu cinq *alternances*, encore que cela fût plus ou moins clair selon les époques. Je connais, comme vous, la difficulté qu'il y a à défendre successivement des politiques différentes. C'est d'ailleurs l'une des justifications que l'on donne à nos incessantes transhumances. Je vous avouerais que, même si cela nous oblige parfois à des efforts de haute voltige, cet aspect des choses n'est pas celui qui pose le plus de problèmes et rend notre métier le plus difficile.

» Non, le plus difficile, c'est d'éviter de se prendre au jeu, de devenir obséquieux ou cynique. Si le devoir de réserve s'impose absolument, il n'est pas vrai que tout se vaut. Le préfet doit loyauté et vérité au gouvernement. Il ne saurait être un courtisan, ni un indifférent.

» Alors qu'on lui demandait quelle devait être pour lui la principale qualité d'un homme politique, François Mitterrand avait répondu : “*L'indifférence.*” C'est une réponse terrible. Pour avoir côtoyé, comme vous, des centaines d'hommes politiques, je comprends parfaitement ce qu'il voulait dire. Il en avait tant vu. Des hauts et des bas. Des très hauts et des très bas. Des campagnes ratées, des espoirs envolés, des injustices de toute sorte, de belles victoires aussi. Il en avait tant vu qu'il pensait que la sagesse était dans l'impassibilité souveraine avec laquelle on devait regarder tout cela.

» Cette indifférence-là, permettez-moi de le défendre, n'était ni le cynisme ni l'absence de sentiments ou de convictions. »

Le directeur de cabinet croisa ses jambes dans un mouvement mécanique, ce qui signifiait qu'il trouvait le précédent développement un peu long. Il reprit sa physionomie contente de soi, sous le regard attentif mais un peu crispé de la sous-préfète, lorsque le préfet enchaîna : « Monsieur Jacques Chirac a connu les mêmes aléas ; il lui fallut une incroyable volonté. Puisque je cite l'un après l'autre, vous me direz que je suis préfet jusqu'au bout des ongles, mais ne vous y fiez pas. Notre président sait avoir un sens de l'humain que l'on ne soupçonne pas. Avez-vous remarqué que l'une de ses meilleures interventions télévisées fut celle qu'il fit le jour même de la mort de Mitterrand ? Était-il, après tout, si étonnant qu'il parlât si bien de celui dont il fut "le concurrent, le Premier ministre et le successeur" ? Ce jour-là, il avait fendu l'armure. Cela m'est resté.

» Sans abuser de votre patience, je vous dirai encore, cela ne vous étonnera pas, que la France a besoin d'un État, qui a lui-même besoin de défenseurs intègres. La nécessaire décentralisation ne saurait être, pour moi, un mouvement qui *déplumerait* peu à peu l'État, de manière que, progressivement, il ne reste plus rien ou presque rien, mis à part ce qu'on appelle, et encore, les missions régaliennes : police, justice, défense, politique étrangère.

» Les élus défendent leur collectivité. Ils sont là pour cela. Ils ont raison de le faire. On ne peut reprocher à un avocat de plaider sa cause.

» Mais la conjonction des efforts de chacun d'entre eux pour sa collectivité ne produit, vous le savez, ni la solidarité, ni l'égalité, ni le bien commun. C'est pourquoi, à côté de ses missions dites régaliennes, l'État doit être garant de la solidarité nationale – dont l'aménagement du territoire est, au demeurant, l'une des formes.

» Un dernier mot. On me dit, on nous dit, que le contexte européen rend, et rendra chaque jour davantage, tout cela désuet. N'en croyez rien. Regardez l'évolution des États fédéraux. Mais, surtout, permettez-moi d'insister, n'adoptez pas l'attitude défaitiste de tous ceux qui pensent que l'Europe se fera inéluctablement sur les dépouilles de nos convictions. L'Europe n'aura d'avenir que si elle est une puissance publique, au sens plein du terme. »

Le préfet s'interrompit comme s'il craignait, cette fois, d'avoir été vraiment trop long. Il était écouté dans un impeccable silence. On n'entendit plus que le tic-tac de la pendule qui faisait face au portrait officiel du président de la République.

Le préfet salua enfin chacun. Au secrétaire général, il dit sobrement : « Merci pour tout », et ajouta avec un peu de malice au fond de l'œil : « Ne vous inquiétez pas pour cette histoire de bible enluminée. Je connais parfaitement la personne qui l'a introduite en ces lieux. » Le secrétaire général devint pantelant. Il crut comprendre, tout en refusant obstinément d'y croire, que le préfet lui-même eût pu se rendre coupable, en ce jour certes particulier, d'une telle incongruité. « Prenez cela comme vous le voulez. C'est un dernier signe. Mettez les vanités à leur juste place, même si elles pullulent. Mais dites-moi, cher ami, une intrusion en pleine préfecture sans que le préfet soit avisé... »

Bien qu'il fût atterré, le secrétaire général assuma jusqu'au bout les devoirs de sa charge. Le préfet, un instant hilare, reprit son sérieux et ne masqua pas sa perceptible émotion. Le secrétaire général descendit l'escalier à ses côtés. En bas, des membres du personnel applaudirent le représentant de l'État au terme de l'ultime étape de son long parcours, quoique ce ne fût pas l'usage.

La voiture de fonction s'était avancée. Le chauffeur se tenait très droit aux côtés de la porte arrière ouverte.

Le préfet dit une seconde fois au secrétaire général : « Encore merci pour tout. » Et il s'engouffra dans le véhicule que le chauffeur fit démarrer très lentement entre les grilles ouvertes.

Chacun se sentit un peu orphelin. Mais l'on pensait déjà au lendemain et à l'arrivée du successeur.

Quand les uns et les autres eurent quitté la cour, le secrétaire général remonta l'escalier et en haut de celui-ci, dans la pénombre, il tomba sur la silhouette filiforme du narrateur. « Ça y est, lui dit-il, j'aperçois la fin de mon œuvre. Ce sera une œuvre singulière. Imaginez, cher ami, un roman dont le lecteur, jusqu'à la fin, ignorerait le nom et le prénom de chacun des dix personnages, comme s'ils étaient absorbés par leur fonction. Il ne saurait rien, absolument rien, de leur aspect physique, de la couleur de leurs yeux, ni de leur chevelure, ni de leurs vêtements. Il ne saurait rien de ce qu'ils avaient mangé ni de ce qu'ils avaient bu durant les repas que j'ai décrits. Et on ne saurait jamais non plus le temps qu'il ferait. »

Le narrateur avait tort. Il avait laissé passer dans sa copie, outre l'assertion selon laquelle la sous-préfète était « brunette », une pluie inchoative à la fin d'un chapitre. Mais le narrateur devait avoir ses raisons.

CHAPITRE 20

Il était huit heures trente-cinq.

Le secrétaire général revenait à lui.

Était-ce dû à un sentiment de lassitude ou à l'angoisse qui, plus souvent qu'autrefois, le taraudait, ou encore, plus simplement, à la fatigue après une nuit sans sommeil ? Toujours est-il qu'il s'était assoupi alors même qu'il regardait son agenda avec ses petites lignes, ses ratures, ses chevauchements de signes et qu'il voyait déjà, ou qu'il imaginait, le déroulement de la journée. Sa secrétaire lui préparait l'emploi du temps de chaque jour sur un document plus clair et plus lisible. Mais, c'était une vieille habitude, il ne pouvait s'empêcher de tout noter concurremment sur son agenda personnel, auquel il aimait à se référer. Il y scrutait l'éventuelle part d'imprévu. Il y en a toujours une, mais par définition on ne la connaît pas. Encore que, se disait-il, beaucoup d'événements inattendus se révèlent par la suite totalement prévisibles. Et puis il savait qu'il serait durant cette journée, comme durant toutes les autres, hanté par des sentiments et des désirs, parfois inavouables, qui occuperaient son esprit aux moments les plus divers, si bien que le temps, celui des horaires et des agendas, celui de l'*emploi du temps*, n'était qu'un leurre, une fausse sécurité, une convention nécessaire à la vie commune, mais sans prise sur les sphères mentales boursouflées qui, les unes à côté des autres, comme d'énormes bulles de plastique, se déformaient mutuellement à chaque instant et occupaient ensemble un espace tellement immense que ses limites relevaient de l'impensable.

Les lignes et les caractères s'étaient emmêlés sous le regard somnolent du secrétaire général cependant que les bulles mentales s'étiraient dans son esprit.

Il s'était donc assoupi.

Et voilà que la vérité apparaissait.

Tout ce qui précédait, toutes les pages que l'on vient de lire avaient occupé son esprit quelques minutes à peine. Quelques instants peut-être. À moins que ce ne fût qu'un seul instant. Et que toutes ces pages ne fussent que *l'histoire d'un instant.*

Était-ce un bruit dans le couloir, la sonnerie du téléphone dans le bureau voisin, les allées et venues de la secrétaire dont les talons hauts piquetaient le parquet, ou, tout simplement, un trou d'air, un vide, ou encore l'intrusion dans la bulle de la rêverie d'une sensation si forte qu'elle ne pouvait que la faire éclater comme le ballon tenu par un enfant au bout d'une ficelle ? Toujours est-il que, lorsqu'il revint à lui à huit heures trente-cinq, il pensa – il lui fallut sans doute quelques minutes pour le penser, mais n'en fut aucunement conscient – que cette journée qu'il avait rêvée, il lui faudrait maintenant la vivre.

*

Le soir était tombé. Assis sur la même chaise pivotante, accoudé au même bureau, le secrétaire général songeait à tout ce qui, dans le déroulement effectif de cette journée, était différent de ce qu'il avait vécu une première fois dans son rêve matinal.

D'abord, la sous-préfète et le directeur de cabinet ne s'aimaient pas. Ils se détestaient, et cela se voyait à chaque instant. Nul n'avait eu l'idée d'imaginer entre eux des relations intimes.

Mais, alors, pourquoi avait-il pu rêver que ces relations existassent, lui, le secrétaire général, qui n'était pas un expert en analyse de rêves, mais qui, comme beaucoup, avait coutume de se prendre pour un *psychanalyste de poche* (Figaro disait : « *Moi, casse-cou politique, et Suzon, dame du lieu, ambassadrice de poche* ») ? Il conçut derechef une explication : c'était, évidemment, l'irrépressible envie qu'il avait parfois d'unir la droite et la gauche, de dépasser cette querelle ancestrale, qui lui avait fait concevoir cette improbable liaison.

La gauche, la droite ? Il y a des gens de gauche conservateurs, il y a des gens de droite qui font *bouger les lignes.* N'avons-nous pas, tous ou presque tous, au fond de nous un désir de conservation et une soif de changement ? N'était-ce pas duperie que de méconnaître le formidable *effet de structure* que décrivait celle qu'il appelait encore, *en cet instant*, son amie ? Et ne fallait-il pas relativiser enfin ce qu'on avait *planté en nous*, pour reprendre les termes du chanteur, depuis le plus jeune âge ?

Il était en nage. Il eut le sentiment que ces pensées et cette union qu'il avait imaginée de toutes pièces étaient vaguement blasphématoires.

S'il avait mesuré l'inanité ou le ridicule des sectarismes, il savait que les consensus étaient trop souvent délétères. Il aimait que l'on sût rassembler les énergies dans une totale clarté, sans illusion mais sans résignation non plus.

Il y avait dans la manière dont certains exerçaient la fonction préfectorale un côté perpétuellement bénisseur, sempiternellement satisfait, qui lui faisait horreur.

Défendre un choix, une ligne, une politique, c'était ingrat – surtout quand on savait que les temps étaient changeants, et qu'ils changeraient encore. On se lassait du juste conflit. On se fatiguait d'Électre. La tentation était toujours grande de se retrouver *au bord d'un lac* pour signer des traités. Mais il fallait tenir bon.

Il y avait une seconde différence de taille entre ce que le secrétaire général avait rêvé et ce qu'il avait vécu : *l'ermite urbain n'existait pas.* Ce personnage était un pur produit de son imagination.

Il en fut déçu, beaucoup plus que de l'inexistence d'un amour impossible.

Il l'avait attendu, d'ailleurs, l'ermite urbain, toute la journée. Mais il ne vint pas.

Il eut une première *lecture* du rêve. Celui-ci témoignait de l'intrusion constante de ce qu'on appelait désormais le *fait religieux* dans le champ politique et civique. À tout moment, les croyances, ou plutôt les fanatismes, se rappelaient tragiquement au souvenir de ceux qui jugeaient que les sociétés progressaient continûment vers une sécularisation croissante.

Mais il rejeta aussitôt cette première lecture : l'ermite urbain n'était pas Ben Laden. Non. Il renvoyait bien davantage à la religion de son enfance et de son adolescence, qu'il gardait en lui, même s'il avait appris, entre-temps, à se défier de tout cléricalisme.

Laïque et croyant à la fois, il s'était donné pour règle de n'aborder en aucun cas avec quiconque, à l'exception de celle qui était encore, *pour peu de temps*, son amie, ou de très rares compagnons, les questions religieuses, qui relevaient pour lui de la sphère privée.

Il ne lui avait pas échappé pourtant que, depuis quelques années, les débats sur ces questions se multipliaient et que des personnalités inattendues se mettaient à publier des sommes théologiques.

Lui pensait souvent à la mort. C'était, avec la souffrance, la seule chose de la vie qu'il n'acceptait pas.

Il se trouvait qu'il avait souvent accompagné des mourants.

Certains vivaient leurs derniers moments dans l'angoisse.

D'autres lui donnaient le sentiment de s'endormir et de *passer*, c'est le mot, dans un monde qui ne serait pas si différent du premier. Ils continuaient le chemin.

Il était hanté depuis la classe de terminale par l'argument ontologique.

Il n'imaginait pas que tant d'intelligence et de lumières pussent s'abîmer dans le néant.

Il s'en voulait de consacrer si peu de temps à penser à ces choses, qui étaient les plus importantes.

Il avait mille raisons de n'y pas penser : la force du désir, les rigueurs de l'emploi du temps, les piles de parapheurs, la philosophie sociale implicite, la bienséance commune et le consensus, cet abominable culte du consensus, qui serait éternellement aux antipodes du respect des consciences.

La mort rôdait partout. Elle avait des aspects sublimes et triviaux.

Il avait reçu des lettres sur la manière dont se déroulaient, ici ou là, les obsèques dans le département.

Si l'abandon de l'ancien monopole des pompes funèbres, qui couvrait de bien étranges pratiques, était devenu inéluctable, il ne se résignait pas pour autant à ce que le marché de la mort fût devenu un marché comme les autres, donnant lieu dans quelques cas, qui n'étaient heureusement pas les plus fréquents, à de coupables surenchères au détriment de l'hygiène, de la dignité des obsèques ou de la transparence des prix due aux familles.

Il fallait remédier aux dysfonctionnements observés. Et il ne doutait pas qu'un prochain texte de loi prévoirait d'étoffer la procédure d'habilitation des entreprises, en ce domaine sensible, et que cette loi ne manquerait pas de créer une commission départementale des opérations funéraires composée de quatre maires, de quatre représentants des professionnels, de quatre représentants des familles et des associations de consommateurs, sans compter quatre ou cinq personnalités qualifiées, et lui, le secrétaire général, il se voyait déjà présidant cette instance salutaire et moralisatrice, sous l'œil sévère et attendri du grand personnage dont le portrait s'affichait sur le mur principal de la salle des commissions, face aux fenêtres, et qui était enterré depuis longtemps.

Il pensait que ce prochain texte de loi établirait des devis types qui permettraient à chaque famille endeuillée, éprouvée, donc vulnérable, et tenue de prendre de nombreuses décisions en moins de vingt-quatre heures, d'avoir facilement accès en toute transparence aux prix des différentes prestations funéraires proposées par les opérateurs habilités dans la commune.

Mais son esprit se fixait à nouveau sur l'ermite urbain. Il songea que cette appellation était décidément étrange, sauf à considérer que les villes étaient devenues des lieux de solitude – ce qui n'était pas une considération absurde, tout dépendant du cœur vide que, parfois, on balade dans les rues.

Il se demanda pourquoi il avait imaginé *in fine* que le préfet fût l'instigateur de tout et qu'il eût lui-même introduit la Bible enluminée sur son bureau.

Il mit cela en relation avec la panique qu'il avait conçue et qui l'avait habité tout l'après-midi quant à la question de savoir s'il fallait qu'il en référât ou non à son supérieur hiérarchique.

Il était habité par le principe d'autorité. Il en avait besoin pour vivre.

Cela l'arrangeait que les événements les plus dérangeants fussent organisés par l'autorité supérieure.

Certains ne font jamais leur crise d'adolescence. Ils n'osent pas. Leur révolte est contenue, toute leur vie durant. Elle se donne les apparences du respect. C'est pour eux un problème insurmontable.

D'autres (ou les mêmes) ont tant de mal à consentir au désordre, à l'inanité des choses posées les unes à côté des autres, à la vaine succession des événements sans cause, qu'ils se persuadent que tout cela émane d'une autorité supérieure, et cela les rassure.

Il y avait une troisième différence entre ce que le secrétaire général avait rêvé et ce qu'il vivait. C'était celle qu'il avait le plus de mal à supporter : *son amie n'existait pas.*

Comme elle n'existait pas, les horaires de leurs rencontres étaient forcément indéfinis. Il y avait autant de repas, de conversations et d'effusions, ou aussi peu, qu'il plaisait à son imagination.

Comme elle n'existait pas, la question de savoir si elle appartenait ou non, et depuis quand, à l'association des conjoints des membres du corps préfectoral ne se posait pas.

Et, comme elle n'existait pas, elle était l'objet permanent et changeant du « *rêve étrange et pénétrant* » dont parle un poème qu'il ne parvenait pas à effacer de sa mémoire.

Et, bien qu'elle n'existât pas, il fallait cependant qu'elle fût une *prof*. Toujours le principe d'autorité, pensa-t-il. Et non seulement une *prof*, mais une *chercheuse en sciences sociales*, celle qui sait, qui rompt, comme avec un scalpel, la fine lamelle des apparences, qui révèle les principes organisateurs et pourfend les lamentables contentements de ceux qui se résignent à ce que les choses ne soient que ce qu'elles sont.

Nous expliquera-t-il un jour, le secrétaire général, pourquoi sa chère amie n'existait pas ? Peut-être avait-elle existé et s'en était-elle allée ? Peut-être l'attendait-il chaque jour ?

Fût-ce dans un rêve, *l'amie* renvoyait, elle aussi, à sa manière, à un principe supérieur, à une omniscience par rapport à laquelle il se sentait fragile. Il lui faudrait encore bien des années pour être lui-même. En aurait-il le temps ?

Le rêve était-il extérieur à la réalité ? N'était-il pas l'une des formes les plus précieuses de la réalité ? N'était-il pas la *vraie vie* ?

Elle avait d'ailleurs été là, son amie, en un après-midi d'hiver, à la terrasse du *café de la mairie*. Elle avait commandé une bière et lui, un Perrier rondelle. Le narrateur avait disparu. Elle lui avait demandé, à l'aube, de lire des vers de Racine. Il lui avait apporté le *Dictionnaire de la langue française classique* de MM. Dubois et Lagane. Ils avaient parlé gravement de leur bel amour.

Il n'y avait bien sûr pas deux univers opaques l'un pour l'autre, ce que l'on vit et ce dont on rêve. « *Illusion, illusion !* » se dit-il à haute et intelligible voix, exactement comme il l'avait fait le matin, à la grande surprise de la secrétaire qui, à l'heure qu'il était, avait regagné son logis. Il ajouta : « *Imposture, imposture !* » Et encore : « *La vie est un songe.* » – c'était un titre qui lui revenait. Il imaginait les bulles en plastique du réel, de l'irréel et du virtuel se fondre en grands volumes mobiles. Il était lucide. Avait-il jamais été aussi lucide ?

Le secrétaire général se souvint d'une quatrième et dernière différence entre la *vie rêvée* et la *vie vécue*. Lors de sa dernière rencontre avec ses collaborateurs, juste avant de quitter les lieux et la carrière, le préfet leur avait épargné le long pensum sur la France, l'Europe, le passé, le présent et l'avenir qu'on a pu lire ci-dessus. Il n'avait pas fait de discours. C'était un grand préfet.

Comme chaque jour, ou presque, le secrétaire général quitta la préfecture à vingt heures quarante.

DU MÊME AUTEUR

Littérature

Charles Péguy ou les Vertiges de l'écriture, Le Cerf, 2021.

Avant-propos à Charles Péguy, *La Loire*, La Guêpine, 2022.

Ville, urbanisme, urbanité

Demain, la ville, La Documentation française, 1998, 2 vol.

Changer la ville : pour une nouvelle urbanité, Odile Jacob, 1999.

Aimez-vous Orléans ?, CPE, 2005.

Villes du futur, futur des villes : quel avenir pour les villes du monde ?, Sénat, 2011, 3 vol.

Le Phénomène urbain, un atout pour le futur, Sénat, 2017.

Osons le retour de l'aménagement du territoire : les enjeux de l'occupation des sols dans les prochaines décennies, Sénat, 2023

Société

Les Étudiants, la Politique et l'Église (avec Jean-Paul Ciret), Fayard, 1970.

Changer la retraite, La Documentation française, 1984.

L'Aide personnalisée à l'autonomie : un nouveau droit fondé sur le principe d'égalité, La Documentation française, 2000.

Histoire

Victor Hugo au Sénat, Corsaire Éditions, 2018.

« Étienne Dolet, Jean Jaurès, le combat pour la souveraineté de l'esprit », préface à Jean Jaurès, *Le Martyr d'un libre-penseur*, La Guêpine, 2019.

Lexicologie

La Parole syndicale (avec A. Bergounioux, M. Launay, R. Mouriaux, M. Tournier), Presses universitaires de France, 1982.

Rapports

Sondages et démocratie (avec Hugues Portelli), Sénat, 2010.

Les Contrats de partenariat : des bombes à retardement ? (avec Hugues Portelli), Sénat, 2014.

Filières « djihadistes » : pour une réponse globale et sans faiblesse, Sénat, 2015.

L'Affaire Benalla (avec Muriel Jourda), Sénat, 2019, 2 vol.

Définir un cadre rigoureux pour l'exercice de la thanatopraxie, Sénat, 2019.

Cet ouvrage a été composé
en ITC Galliard et en Whitney
par Nord Compo
à Villeneuve-d'Ascq (Nord).

N° d'édition : 4150-0786-X – N° d'impression : 102479679
Dépôt légal : novembre 2024

Imprimé en France par Présence Graphique